Mariela Dreyfus

GRAVEDAD
(Poemas reunidos)

Nueva York, 2017

Title: GRAVEDAD (Poemas reunidos)
ISBN-10: 1940075238
ISBN-13: 978-1-940075-23-5

Design: © Ana Paola González
Cover & Image: © Jhon Aguasaco
Author's photo by: © Jorge Ochoa
Morir es un arte, photos by: © Raúl Dreyfus
Editor in chief: Carlos Aguasaco
Text Editors: Mayte López & Laura Rojas
E-mail: carlos@artepoetica.com
Mail: 38-38 215 Place, Bayside, NY 11361, USA.

© GRAVEDAD (Poemas reunidos), Mariela Dreyfus
© GRAVEDAD (Poemas reunidos), 2017 for this edition Artepoética Press

All rights reserved. No part of this publication may be reproduced, distributed, or transmitted in any form or by any means, including photocopying, recording, or other electronic or mechanical methods, without the prior written permission of the publisher, except in the case of brief quotations embodied in critical reviews and other noncommercial uses permitted by copyright law. For permission requests, write to the publisher, addressed "Attention: Permissions Coordinator," at the address below:
38-38 215 Place, Bayside, NY 11361, USA

Todos los derechos reservados. Esta publicación no puede ser reproducida, ni en todo ni en parte, ni registrada en o transmitida por un sistema de recuperación de información, en ninguna forma ni por ningún medio, sea mecánico, fotoquímico, electrónico, magnético, electroóptico, por fotocopia, o cualquier otro, sin el permiso previo por escrito de la editorial, excepto en casos de citación breve en reseñas críticas y otros usos no comerciales permitidos por la ley de derechos de autor. Para solicitar permiso, escríbale al editor a:
38-38 215 Place, Bayside, NY 11361, USA.

But the strong base and building of my love
Is at the very centre of the earth,
Drawing all things to it.

    Shakespeare, *Troilus and Cressida*

– El momento más grave de mi vida no ha llegado todavía.

    César Vallejo

ÍNDICE

Brindis, Roger Santiváñez — 9
Del lenguaje de la experiencia
a la experiencia del lenguaje, Enrique Winter — 11

MEMORIAS DE ELECTRA — 19
SÓLO NUESTROS CUERPOS VORACES — 22
  Memoria de Electra — 23
  Poética — 24
  Amo a esa mujer — 25
  Equinos — 26
  En la casa de Aguarico — 27
  Post coitum — 28
  Somos este tiempo inconstante... — 29
PARA ROMPER CON TODO — 30
  Bendición — 31
  13 de enero — 32
  Cuadro — 33
  Jugueteando — 34
  Lo recuerdo en desorden — 35

PLACER FANTASMA — 37
  Presentación, Javier Sologuren — 39
NINGÚN ALIVIO EN ESTA SOLEDAD — 42
  Devant qui — 43
  Distorsión — 44
  Vigilia — 45
  Este ruido no cesa — 46
  Canción — 47
  Pregunto en una noche sin luz — 48
COMO PRESAGIO CIERTO DE REPOSO — 49
  Entre las cuatro paredes de mi cuarto... — 50
  Todos saben que vivo, que respiro — 51
  Doble deseo — 53

TIEMPO Y MEMORIA SE MEZCLAN AQUÍ — 54
  Verano — 55
  Invierno — 56
  Huaico — 57
  Te llamo y te busco y no puedo hallarte — 58
  Primera visión del puente (*Built in 1885*) — 59
EL AMOR TERCO A TODO — 60
  Imagen — 61
  Dame el abismo que nace de tu perfil... — 62
  La luna (*Tú y yo*) — 63
  El bosque — 65
  La paz sea conmigo — 67

ÓNIX — 69
I — 75
  En una calle desierta — 77
  Ave ala quebrada — 78
  Envío — 79
  Se busca el amor en la ciudad — 80
  Se pierde el amor entre los pinos — 85
  Solitario cocuyo de la noche — 88
  Nocturno y viento — 89
  Confesión — 94
  Bucólica — 95
II — 97
  En lo alto de un pozo (*Leonora Carrington*) — 99
III — 103
  Último sueño — 105
  En este muro asomó el ángel (*Santa Teresa*) — 107
IV — 115
  Komm zu mir in der Nacht (*Francisca, ven*) — 117

PEZ	129
Embrión de niño...	135
El deseo...	136
Para la luz...	137
Creces en mí...	138
Escucho el lento expandirse...	139
¿Adónde la palabra...	140
Matria...	141
Avanzas en tu gestación...	142
Grávida geometría...	143
Asoman por un canal...	144
Ciudad metálica...	145
¿Qué será de los niños...	149
Nueve las horas...	150
Mis huesos tus huesos...	151
Y luego estoy aquí...	152
Si la sola palabra...	154
Ahora tú y yo...	155
MORIR ES UN ARTE	159
Hay algo denso... Lila Zemborain	161
I	167
Marina	169
Lied negra (*Sarah Kane*)	170
Marfil	172
Pareja	173
Escena	174
Aviso	175
A media tarde	176
Volada	177
La dama y el opio (*Elizabeth Siddal*)	178
II	181
El ojo	183
Sorber la vida	184
Matar a una mosca	185
Mira el cuerpo humano	186
Basta señora de las bellas imágenes	188
III	189
Vignette	193
Sangre roja vena azul	194
No quiero hablar de la muerte que ronda	196
Ya no hay vaho	197
Di tú	199
Reina del corazón	200
Instantánea	201
CUADERNO MÚSICO	203
Por el canal del nacimiento asoma...	207
Una rueda, un color, un paso (*Carlos Oquendo de Amat*)	209
Las niñas que así juegan	211
Yo crecí al compás de dos sonidos:...	214
La palabra viaje	215
Romero y buganvilias	216
Es roja y le digo Tania	220
Rapsodia para un parque amarillo	221
Je t'aime yeti	223
¿Quién hace brotar la lluvia? (*Pina Bausch*)	225
Las cartas con cintas atadas...	228
Coney Island	229
Círculo	230
Espacio para el dolor...	231
Otra vuelta mamá...	232
Tarde en Granada	233
El vientre de mamá es una casa...	236
Este es el mal que te entrego...	238
Gladiolos y alhelí	240
Dame tu traje lila (*Juan Parra del Riego*)	241
Carrasca chisporroteo bongó (*Afro-Peruvian Sextet*)	246
POEMAS APARTE	249
Poema cruel	251
Dylan	252
Al sur	253
Objet trouvé	254
Dibujo (*Egon Schiele*)	255
Ave luz (*César Moro*)	256
Cómic	257

Ni cuando amo dejo de pensar	259
Construir, digo (*Joaquín Torres-García*)	260
Muerte por agua	263
Cesa el cantor	264
Yet once again	265
A los hijos no se los comen...	266
Luz tenue viento ártico (*Poema congelado*)	267

LA EDAD LIGERA [Libro en proceso]   269

1.	273
2.	274
3.	275
4.	276
5.	277
6.	278
7.	279
8.	280
9.	281
10.	282
11.	283
12.	284
13.	285
14.	286

Obra publicada   289

Mariela Dreyfus

BRINDIS

Yo conocí –por interpósita persona- a Mariela Dreyfus en 1978, a través de un texto suyo que nunca leí. Después la vi trotando *-equus* imagen que a ella le gustaría- por el Patio de Letras de San Marcos, con un libro de poemas bajo el brazo. No recuerdo la primera conversación pero sí que fue de poesía.

Luego fue la fiesta -la euforia juvenil- las salidas en collera con la gente del 80 y –por fín- el *Movimiento Kloaka* que fundamos juntos, una tarde perpetuada en mi memoria como el corduroy turquesa y la blusa del mismo color de su apostura.

De su primer libro *Memorias de Electra* [1984] guardo el recuerdo de su audacia irreverente, criolla, cosmo polita, VIPOL y la inocencia de poder escribir: *Sobre mis antiguos poemas / me arrojo y lloro*. Un llanto que –en verdad- es por todos nosotros: la especie humana, quiero decir.

Posteriormente vino el viaje, *Columbia University*, New York entrañable. La distancia del viento en su sonrisa. Supe de su galardón por *Placer Fantasma* [1993] y disfruté la hondura de un poema como *Invierno* dedicado a Sylvia Plath.

Un día en París fotocopié *Ónix* [2001] y hasta hoy conservo en lugar especial esa *Bucólica* simétrica noción que es un goce de lectura. Y la destreza –en otro canto- la mejor tradición de nuestra lengua: *¿Con qué han de persuadirme el miedo y sus argucias / si tras la mala yerba en soto de placer mi alma se folga / a suave yugo atada y entre los espinares abrasada?*

Pez [2005] me fue entregado en Lima tras el re-encuentro
feliz que cortó la distancia entre nosotros. Entonces me
enteré que *El poema por fin se habría tramado / con la
misma textura que tu piel / sería el verbo y la carne
conjugados / sería el bulto y el verso: / Habría luz.*

Una joya la *Marina* que principia *Morir es un arte* [2010]
Conmovido por ese *¿Di, mamá?* que nos desgarra,
cuando ya nada puede despertarnos de la parca
y es tan real la mentira de las estaciones y del tiempo:
Papito Eliot resonando en el corazón desde el verano
de 1982.

Cuaderno músico [2015] significa -para mí- la creadora
madurez de Mariela Dreyfus. Los largos poemas y el dominio
del ritmo. *Carrasca chisporroteo bongó* pro-neo baroque.

Y el rescate de los poemas antiguos —al final de la batalla-
así como los nuevos, memoria de *La edad ligera*: un
acierto del viejo Cronos, hallazgo y respiración de los
amores perdidos, aquellos que persisten como un juego
de espejos y de estrellas en la infinita noche de la poesía.

Alumbramiento post-finisecular que entra a la primera
juventud del nuevo siglo, con la sensibilidad Mariela
de tus ojos checos, brillantes en el halo inalcanzable
del cometa más azul.

Ahora aquí en *Gravedad* están juntos todos estos
libros, poemas y canciones. Una grande alegría invade
mi alma solitaria. ¿Qué más puedo decir? sino:

¡Salud poeta!

[Roger Santiváñez. Sacramento,
el día que murió Marilyn, agosto de 2015]

Mariela Dreyfus

Del lenguaje de la experiencia a la experiencia del lenguaje

Gravedad reúne los seis libros de poesía de Mariela Dreyfus y muchos inéditos. Es además un tránsito de tres décadas, desde la inmediatez vitalista de *Memorias de Electra*, escrito entre sus veinte y veintidós años, a la propuesta sonora de sus textos más recientes; tránsito que no descuidó el lenguaje en sus comienzos ni los sucesos biográficos en su madurez, pues son estos últimos el eje de cada una de sus publicaciones. Así el rebelde despertar sexual de su primer libro, es el del amor en *Placer fantasma* y su pérdida en *Ónix*, el nacimiento de un hijo en *Pez* y la muerte de la madre en *Morir es un arte*. Por supuesto, estas obras estiran sus piernas hacia otros recovecos humanos, pero sin soltar las manos del tema que las convoca. En *Cuaderno músico*, en cambio, Dreyfus toca todas las teclas de su poesía anterior –"en el teclado yo" comienza el último poema– y el hilo narrativo no lo da ahora el fondo, sino la forma, el ritmo de las luces del semáforo donde el tránsito de estas tres décadas y tres temas –rojo del amor, amarillo de la muerte y verde de la vida– la detiene para mirar por el espejo retrovisor, antes de retomar la marcha.

Explicaciones hay para las emociones extremas de la adolescencia y primera juventud, desde líquidos cerebrales que sólo se tienen entonces hasta el asombro por las primeras verdades ajenas a las de la formación familiar y escolar. Ante ella se rebela Dreyfus en "Sólo nuestros cuerpos voraces", la sección que abre *Memorias de Electra*, escrita en primera persona, femenina, y en una sociedad machista, denunciada ya en los versos inaugurales, "Soy un hombre/ He construido un templo/ Donde mi virilidad no tiene límites". A la representación de lo masculino opone el deslumbramiento del sexo y la libertad, sinónimos a la sazón. Pero cuando a la poesía se entra por una urgencia expresiva como esta, provocada por una incomodidad respecto del mundo, es probable que se la abandone cuando el mundo deje de doler tanto, las más de las veces por el mero transcurso del tiempo. Así sucedió, al menos públicamente, con las autoras chilenas cuyos primeros libros más me recuerda este poemario, en estilo y espíritu. Los prometedores *Electra* de Carolina Celis y *frente al fuego* de Rosario Concha, quien cierra una descripción sexual con "este es el mismo amor que le hicieron a mi madre" quedaron huérfanos. Y si "Poema" ("Nuestro amor no está en nuestros respectivos/ y castos genitales, nuestro amor") no volvió con esa intensidad a la obra de Carlos Germán Belli como el extraordinario "Post coitum" quizás tampoco lo haga a la de Mariela Dreyfus, en ambos inauguran un matrimonio más duradero con el lenguaje, justamente gracias al artificio que Dreyfus combate en su primera "Poética" y segundo poema. El tránsito que Dreyfus recorre entre sus libros es entonces indispensable, tomador de conciencia de sus materiales lingüísticos, porque no hay otra forma de sobrevivir activamente entre ellos.

Memorias de Electra presenta un bestiario de caballos y bueyes, de imágenes inesperadas que relucen respecto a otras poéticas confesionales o de la experiencia, aun en el uso del mecanismo del remate final. "Para romper con todo" es el decidor título de la segunda parte y también de la actitud del grupo Kloaka que Dreyfus funda. Los versos son más anchos que al comienzo, generan otra respiración y, a la vez, exponen reiteraciones y preguntas que adelantan la estética de *Placer fantasma*. Es memorable la soltura narrativa de "13 de enero" y la representación del no lugar –en la terminología de Marc Augé– del amor en "Cuadro", uno que bien podría ser el hotel del citado "Post coitum", preguntándonos dónde hacerlo, denunciando que "todo se vuelve papel moneda/ el goce es dejado sobre sábanas prestadas". En el espejo en que la protagonista se mira, también lo hace el lector. "Lo recuerdo en desorden" es el último poema y resume una etapa, dejando los acentos y puntos de la política bien puestos sobre las íes, pues "era una señorita, repetías, pero mi tía –una zamba– vendía cebiche/ frente al portón donde nos ocultábamos".

Esta obra reunida trae una novedad, la de siete poemas separados de la primera edición de *Memorias de Electra* y que amplían sus lecturas posibles, desde la sensorialidad fragmentaria de "Ave luz" y "Dibujo" pasando por la violencia indirecta de "Poema cruel", hasta el entrañable "Cómic", publicado en la revista *Lienzo* en 1988, que mezcla estos ángulos en una sola figura. Se suman a otros siete poemas posteriores, tampoco recogidos en libros, al final de esta *Gravedad*. Una vez leídos todos sus poemarios, versos hasta ahora inéditos como "soy una viola que descubre nuevos ritmos" ("Ni cuando amo dejo de pensar") o "Creo un sol de cartón iluminando/ la entraña del pez ciego" ("Construir, digo") se asientan como las poéticas posibles para lo que Dreyfus ha escrito este 2015. En efecto, los encabalgamientos de "Yet Once Again" y su opuesto, la fragmentación del verso, de "Luz tenue viento ártico" dialogan con la propuesta sincopada, rica en rimas internas de *La edad ligera*, un espejo borroso, un adelanto de conjunto que cierra consistentemente *Gravedad* porque vemos reflejados en él, tras capas de lenguaje, a los jóvenes de Kloaka.

Publicado nueve años después de *Memorias de Electra* y a cuatro de la radicación de la autora en Estados Unidos, *Placer fantasma* profundiza pozos nuevos para las mismas obsesiones. "Devant qui" los estrena con aliteraciones, "La vela que antes me alumbró ahora duda/ Ante quién el umbral al fresco viento" o, más adelante, en "Dame el abismo…", "divide la duda de la desesperación", donde son los sonidos, y no necesariamente el sentido, los dominantes. De este modo se presentan atmósferas más distanciadas de su referente vital, acercándose a paisajes emocionales, principalmente de soledad y, desde ella, desolación, como en "Todos saben que vivo, que respiro". Luego hay juego y esperanza en "Doble deseo", el poema que le sigue y contrapone. Para entonces Dreyfus ya ha inaugurado su prosa poética con "Distorsión" y al poema leído en un solo verso largo, como la novela *Dies: A Sentence* de Vanessa Place, sin saltos de línea y prácticamente ininterrumpido en "Te llamo y te busco y no puedo hallarte".

Si el complejo de Electra apunta en el primer libro, naturalmente, al padre biológico, en este puede interpretarse que lo hace a los padres literarios, pues *Placer fantasma* se aleja del influjo de la aparente sencillez expresiva de la generación del sesenta peruana, en la cual destaca Antonio Cisneros, manteniendo parte del fraseo de los grupos Hora Zero y Kloaka, movimiento que para entonces Dreyfus había abandonado. Los amantes ya no son caballos salvajes, sino jinetes perdidos; no son la intemperie, sino la protección ante ella, la ciudad hostil y la noche. La misma transformación puede hallarse en el tratamiento amoroso de la autora: la fogosidad ha cedido —con los demás libros notaremos que sólo temporalmente— a la observación minuciosa, "y busco detener nuestras formas calmadas/ en una imagen que nos ligue al tiempo". Una imagen con doble fondo, para "dos animales huyendo de la muerte" por un lado, y "genitales de espuma/ textura y vellos" por el otro. Poesía celebratoria, pues al fin "Todo lo cambiaría por esta plenitud, este efímero grito,/ esta membrana ardiente que se entrega al delirio".

El *Ónix* de su tercer libro y el jade son piedras preciosas, siempre los ojos del amado y luego de quien ya no lo es. Preciosas las pupilas, pero piedras al fin, su dureza y frialdad para poemas de amor conscientes de que el "yo" que habla en ellos se acerca bastante más al "ello" sicoanalítico que a la autora que los escribe: "en mi de mí a pesar mío" dice. El bestiario trae imágenes frescas, "Al final de la tarde el peligro se instala/ como un gato cansado en la penumbra" y el imaginario sonidos sugerentes, "pero la espalda como un aspa de polvo". La ciudad adivinada en *Placer fantasma* es protagonista en *Ónix*, donde la primera persona es una andariega desesperada. El desamor opera como una persecución del amado, pero hacia dentro de quien lo busca, una persecución que culmina fundiéndolo con la ajenidad de los objetos, pues "se precipita en una límpida caída/ un alarido triste como el último coche/ oscuro y vacío y vibrando". Al amado lo sigue también por la naturaleza de "Nocturno y viento" y de "Último sueño", en cuya estepa "alguien se inmola".

Especial atención merece "Se pierde el amor entre los pinos", cuya primera personificación y metáfora ("La fina y melancólica luna ahora desciende/ como una uña recién cortada") es asimismo una muestra de adyacencia sonora (luna, uña), que al final la primera persona arranca con los dientes y arroja. El poema ofrece "filudas aves" entre medio y una entrega "a cantar el oficio de lo negro". A ello dedica Dreyfus buena parte del libro, pródigo en sutilezas, "como una puerta entreabierta, como un tajo".

Ónix hace suyo el metro clásico, que aparecerá una y otra vez en los poemarios posteriores. Aquí lo hace apropiándose también del lenguaje de los referentes, así con el de Santa Teresa, en quien cifra "En este muro asomó el ángel". Luego de este poema, la cuarta y última sección consiste en uno solo, largo y fragmentario, de intrigante título en alemán para "Ven a mí en la noche". Se trata de un texto delirante y con visiones de biógrafa apócrifa, un viaje en el tiempo del que el lector sale despeluzado. Una alegoría histórica de su paso y también el cierre de la escritura preponderantemente amorosa e individual de Mariela Dreyfus.

Pez despliega unidades de sentido que permiten leerlo como una suma de poemas independientes, a la manera de sus otros libros, pero con suficientes puntos de contacto entre ellos para considerarlos uno, habida cuenta de la ausencia de títulos. *Pez* nada en la tradición del poema largo hispanoamericano, igualado a la extensión del libro y sin épica, por no convocar a la historia como en la definición de Ezra Pound. Lo suyo es una idea filosófica central, merodeada sensorialmente como en *Muerte sin fin* de José Gorostiza o en varios de los libros de Héctor Viel Temperley. Tal como el caso del argentino, la reiteración de conceptos —aquí la ciudad metálica— provoca la mayor intensidad. Al contrario del mexicano, Dreyfus canta a la vida y allí sí está con Pound y con Giacomo Leopardi quizás, en los diversos registros del habla del estadounidense, expuestos aquí bajo la preponderancia de la narración y la melodía, "cuando mareada me miro en tu mercurio".

La metáfora y la comparación se han pensado tradicionalmente como acercamientos figurados desde lo desconocido hacia lo que conocemos y

Dreyfus asume por cercanos a los tropos lingüísticos. Y si no lo asume, entonces ha subvertido la comparación, por llevarnos más lejos de su referente. Por angas o por mangas, remecen esas "Venas que son sintagmas nervios que se entrelazan como en la sinalefa o la sinapsis" y que no volverán a separarse –sensación y sintaxis– en sus libros siguientes. Así, los cambios fisiológicos del feto en "Como mínimos dientes ya tus huesos/ al alimón también se van armando" dan cuenta de un proceso gozoso que, sin embargo, duele, y es el dolor lo que detona la escritura de Dreyfus, "donde un cuerpo/ invasivo se aferra a otro cuerpo". Esta cita es de uno de los poemas o fragmentos más reconocibles del libro, que bautiza un recurso que luego hará más evidente, el de la rima asonante.

Pez se estructura a través de la intercalación de poemas en cursivas, acaso más descriptivos y narrativos, con una respiración postergada y calma, hasta que estos se cuelan en la otra mitad, inundándola también. Ambos ríos, el de las cursivas prosas y el de los versos, confluyen en el mar de "Ciudad metálica", un sintagma con el que Dreyfus empieza cuatro páginas y siete estrofas, hacia el final. La ciudad es la Nueva York del bombardeo de las torres gemelas, columnas que son a su vez las piernas de la madre; el embrión de niño –el del poema– se expande en ella, que es también la ciudad. Situada y sitiada. Las demás estrofas van en cursivas, parecen prosa, pero al leerlas puede uno encontrar los endecasílabos, se vean o no por la disposición espacial de la página. Los versos como torres derribadas, ausentes y horizontales. *Pez* vuelve entonces a la estructura del comienzo, pero la zona cero de las torres radica ya en el lenguaje y "nueve las horas nueve el calendario" construye el paisaje verbal que ansiaba Gertrude Stein, por vía de la mismas reiteraciones de aquella, para representar una realidad distorsionada e intensamente. A la manera de un retrato hecho por un pintor moderno, a la manera de un poemario como *Vagido* de Verónica Zondek, con quien comparte el tema y la búsqueda estética.

El papel encerado que envuelve la primera edición de *Morir es un arte* anticipa la experiencia táctil y olfativa de su contenido, al que Dreyfus incorpora fotografías familiares y las máximas posibilidades semánticas de la palabra, gracias a la eliminación de la puntuación y las mayúsculas, y al aumento gradual de los encabalgamientos, del caudal en la corriente de su poesía. Sirva la ambigüedad de "el mar me abre su vientre/ me cobija sus olas son el amarillo" como ejemplo de lo que conducirá *Cuaderno músico*. La primera sección de *Morir es un arte* es una especie de canto a sí misma por parte de la autora, a la Walt Whitman, pero con la ventaja histórica de la obra freudiana. La antedicha conciencia del yo en *Ónix* está también en *Cuaderno músico*, pues en "Las niñas que así juegan" y tras el placer solitario se pregunta "¿es de una este juego o somos dos?".

La segunda sección de *Morir es un arte* sorprende con un registro mordaz de lo cotidiano, cumpliendo el antiguo rol de la poesía de hacernos ver aquello que siempre estuvo allí, sin verse. Así sucede con el huevo que fríe en "El ojo" y con la consagración de la rima asonante en poemas como "Vignette", que inaugura la tercera sección. Esta consiste en un conmovedor acompañamiento a la moribunda madre de la autora y al paradigma que se desmorona con ella. Por su tono sensible, anecdótico y, de nuevo, de largo aliento, recuerda a *Memorial de Casa Grande* de Rodolfo Hinostroza. Destaca el poema final, "Instantánea", que desgrana con sutil lirismo la descripción necesaria para responder una pregunta feroz, "¿Es eso ahora, mamá:/ una fotografía colgada en la pared o de pie en la repisa/ entre los libros?".

En *Cuaderno músico*, el cuerpo que fue deseo, que fue ciudad, es ahora casi enteramente la materialidad de la palabra, la cual en Dreyfus nunca es mera abstracción y así, con brochazos en que reparamos quizás más en la pintura que en lo pintado, el cuadro sigue siendo uno figurativo, con referentes claros y rastreables en su biografía o en la cultura que le tocó habitar. No trae comas que vengan a delimitar la superposición de sensaciones, pero sí un epígrafe de Miles Davis, advirtiendo que tocará la canción primero y la explicará después. Esta cita y las demás en otros idiomas ponen la música para quienes no las entiendan, regalando el tono para los versos. Estos se encierran de modo obsesivo en sus respectivos asuntos y también en su disposición espacial, deslizando una lectura veloz de principio a fin. Por la inmediatez del referente a la que la escritura de Dreyfus nos bien acostumbró, impacta su tendencia aquí a los recuerdos y a las narraciones oníricas. Es el caso de "Romero y buganvilias" y de "Rapsodia para un parque amarillo", por ejemplo, que tienen el peso literario que alcanza quien se reconcilia con su pasado. En este movimiento de los tiempos, en que ya no todo es presente, *Cuaderno músico* amplía también las influencias, así la del cine, confirmando el sentido expansivo de esta obra reunida en un título preciso, porque el cuaderno que remite a los apuntes dispersa por primera vez los temas. Y lo que tienen en común es el estilo, la música justamente. Un modo de jugarse por entero en los finales, impuestos también por el ritmo que, al no decrecer, sólo puede cortarse de golpe.

También es novedosa la descripción exterior de poemas como "Es roja y le digo Tania", a la manera del *Spleen de París* de Charles Baudelaire o, entre los latinoamericanos, *Poema sucio* de Ferreira Gullar, revelando, como ellos, el vértigo de las interacciones, los estímulos y riesgos de entidad diversa ofrecidos por la ciudad. Los autores citados van ahora entre paréntesis, dentro de los mismos poemas. El amor carnal continúa representándose, también la segunda persona a quien lo destina, pero yéndose por las ramas, así como pensamos y vivimos. El flujo del deseo es asimismo el del poema, pero Dreyfus los distingue: "me arrancaría los dedos del teclado renunciaría/ a este oficio de construir palabras con mi cuerpo/ para darte otro cuerpo antes de que se apague/ la luz de la pantalla y anochezca".

Para tratar uno de sus motivos recurrentes, Dreyfus confiesa que "La tristeza es un velo que se enrosca/ en el silencio como un esquife sobre/ aguas turbulentas acaso tibias ciertas". Dos páginas más adelante, sienta al dolor en las mismas rodillas sobre las que Arthur Rimbaud sentó a la belleza y la injurió: "cepillas los dientes al dolor siéntalo/ en tus faldas dale un abrazo nada temas". Mariela Dreyfus acoge al dolor de nuevo, pero sin injuriar a la belleza, por el contrario, la busca incansablemente en cada uno de estos seis libros y la seguirá buscando como caballo y como jinete, en la ciudad y la naturaleza. Con la espada del lenguaje ya encontrado.

Enrique Winter

MEMORIAS DE ELECTRA

Ser como yo nací
Ser como yo lo siento

        Martín Adán

Un cuerpo que sufre insoportablemente exige
al margen del sistema solar y las estrellas
su liberación inmediata.

        Carmen Ollé

Sólo nuestros cuerpos voraces

Memoria de Electra

Soy un hombre.
He construido un templo
donde mi virilidad no tiene límites.
Cinco vírgenes me rodean
de día las desnudo al contemplarlas
de noche cubro sus cuerpos
con mi semen angustioso y renovado.
Esta necesidad
me viene de muy niño;
cuando intentaba soñar
me despertaban los gemidos
de mi madre y de su amante.
Pero soy un hombre.
Que nadie se atreva
a profanar mis reinos.

POÉTICA

No que el poema
sea un artificio
para inundar la ciudad
frágil y palpitante
como un sexo enamorado.
Ni que estas líneas
te envuelvan
pálido monstruo aparecido
al final de las edades.
Sólo nuestros cuerpos voraces
y al centro mi memoria
compitiendo con una máquina de pinbol
súbitamente enloquecida.

Hemos cogido el instante
y yacemos desnudos
burdos semidioses.

Amo a esa mujer
que recorre a saltitos los pasillos
con su blanca lucidez
de muslos asexuados.
Amo su inconstancia
al elegir pareja y sobre todo
esa dulce insolencia
(traducida en desear
a otra mujer)
que sus apetecibles faldas de aeromoza
ocultan en los días.
A la hora violeta
cuando una motocicleta la devuelve
ojerosa y con el casco o un libro
de poemas bajo el brazo
yo espero nuevamente sus saltitos
para verla dudar   hacer apuntes
y soñar la fusión con el idioma
que viejas enseñanzas
languidecen.

Equinos

Como todas las potrancas de este mundo
cabalgo   me encabrito   y al borde de la noche
cedo mis ancas al jinete de las barbas del oeste
para después relinchar gozosa sobre el prado.

Incapaz de monturas o de riendas,
sólo el azúcar, las hierbas y los niños
y este mi jinete de potencia de centauro
para calmar mi sed
a pelo, entre los lomos.

En la casa de Aguarico

Tú también tienes miedo.
Absurda la estrechez del dormitorio
—y las ventanas, con ojos como de buey
observándolo todo—
nuestros miembros se resisten a la fiesta.

Debiera ser menor la luz que nos descubre,
menor el resplandor de sus reflejos
sobre el catre.
Entonces, tus hombros   tus caderas
              y tus dedos
—entrelazados en libertad propicia—
formarían simetría con los míos
hasta perder la calma.

Post coitum

Descender las escaleras del hotel
y que las cosas vuelvan a su antiguo espesor.
Este placer ya ha sido pagado:
todo es dinero   todo se vuelve papel moneda
el goce es dejado sobre sábanas prestadas.

Frente al espejo de la entrada
aliso mis cabellos / acomodo mis senos
al lado de mi muchacho
tímido como siempre en el primer abrazo.

El regreso a casa es solitario
y debo esconder mis pasos,
el olor que sorprenda a mi madre
mil veces violada y todavía virgen.

Somos este tiempo inconstante
en que nada nos posee
y lanzamos nuestras crines desnudas
al acaso.

Un insecto azul y blando
me persigue / lo contemplo
y he perdido un cuarto de minuto
de mi vida.
Menudo ejercicio, la rutina.
Menudos los reflejos de las sombras
       la torpeza de estas aguas
sin ningún cadáver varado
a sus orillas.

Sobre mis antiguos poemas
me arrojo y lloro.

Para romper con todo

BENDICIÓN

Benditas sean las muchachas
que usan rouge y rimmel
beben vino con altos oficiales
y por las noches
            —espejos y medialuz—
abren las piernas con decencia,
como cuando duele.

Benditas ellas, que al amanecer,
dejan su cerebro sobre el velador,
cogen el bolso.

Benditas todas, hermosas ciegas,
princesitas que arrechan.

13 DE ENERO

13 de enero de 1981 noche fría y el último cumpleaños del viejo José
                    don José Vallejos y Luna
como te decían tus amigos guitarristas   tus amigos jaraneros
viejo tremendo   viejo loco
tuviste que huir por los techos   amar furtivamente
besar a una mujer para querer / volver a otra mujer para olvidar
y en octubre te vestías de morado con tus ojos de arrepentido
como Caviedes rezando un padrenuestro al borde de la sífilis.

Y esa noche y esa noche a las 12 p.m. llegó La Mujer Maravilla
rubia al pomo tetona potona y con voz de aguardiente
y hubo ronda / hubo serenata   ¿y quién era ese bardo criollo?
era Néstor Chocobar era Felipe Pinglo y era el viejo José
en su viejo cuarto del jirón Ancash
mientras la cerveza corría como un río o mejor como el orín.

Ah, tío. Los años pueden perdonar pero no el cáncer
que comenzó a comerte y te tiró a la cama flaco y huesudo como un perro
que te quitó las piernas los testes y el goce por la tranca y las mujeres.
¿Y nuestro último trago? Un jugo de papaya compartido en el mismo cuartito
un año después.

Cuadro

Así, como en los desnudos de almanaque
la misma posición apasionada
soy un remedo de película moderna, hasta podría
hasta podría desnudarme en un teatro
—que salga ya, lo que llevo aquí dentro—.

Entre la luz mortecina, las persianas
algo debo buscar si accedo a contonearme
parada ante el espejo de perfil y despeinada:
"espérate flaquito, o mejor, no te demores"
¿es ese diálogo un diálogo de amor?
¿es esta escena algo que después recordaremos?

La ropa íntima en el piso es desorden
yo todavía cuido la limpieza de los genitales
nuestro olor, algo que nos defienda
cuando es hora de apurarse en esta complacencia
la habitación no es mía, ¿entiendes?
eso cambia las cosas
al vestirnos otra vez ante el espejo
para que tú te sientes a fumar un cigarro.

JUGUETEANDO

No importa la sangre si deslizas tu mano en mi humedad
y luego la secas en el pasto y en ese pasto yo seco los restos de tu semen
en mi mano larga y sin uñas.
Y la respiración se nos acaba, no te ahogues
tengo miedo de tus costillas y de lo que viene después
alguien se destrozará, alguien se destrozará
ésta es la danza de los muertos en noviembre
lames mis senos / beso tu pene / ya no soportas
alguien se parará sobre el otro y lo aplastará
seguirá su olor como un ciego entre los basurales
gritará en las noches cuando no pueda dormir de puro arrecho
después de la destreza para jugar con cierres y botones
alguien se quedará extrañando un poco de piel entre los dedos
un poco de vellos, de mordiscos, de sudor
no quiero ser quien se tire a llorar sobre la pista
no quiero ser quien se entregue a tu sombra como una puta sin suerte.

Amante, amante, este juego nos quema.

Lo recuerdo en desorden

pudiste ser mi andrógino esa noche
y que tus ojos fueran mis ojos y tu nariz fuera mi nariz

no te reconozco respirando toscamente bajo mi cuerpo

"dame una razón suficientemente fuerte para decir que no otra vez"
dame una razón suficientemente fuerte, y yo pronuncié un nombre extraño

cada vez rodando más abajo   Lince – Lima – La Victoria
no conocía la línea Vipol ni las cicatrices de sus pasajeros

era una señorita, repetías, pero mi tía –una zamba– vendía cebiche
frente al portón donde nos ocultábamos

la calle Lunahuaná, ¿dónde queda la calle Lunahuaná?
tu hermano está en el templo y nosotros estamos borrachos

yo tuve que pagar ese placer a medias:
"tú también has gozado y además, yo no tengo trabajo"
tu trabajo es encerrarte en ese cuarto para enanos, entrar por la puerta falsa
y tirarte a mascullar palabras sin sentido.

Estos poemas fueron escritos entre
los 20 y los 22 años, en la ciudad de Lima.

PLACER FANTASMA

Presentación

Mariela Dreyfus no es una desconocida en nuestro medio literario, pues, además de sus poemas publicados en revistas, cuenta con un libro –*Memorias de Electra*– aparecido en Lima, en 1984, y acerca del cual escribió, con notable acierto, Guillermo Niño de Guzmán: "lo que es inequívocamente suyo es su capacidad para hacer del poema un verdadero acto de amor". Y ese acto de amor sigue alentando en *Placer Fantasma*, su segundo libro, que acaba de ser premiado en el concurso de la Asociación Peruano Japonesa.

    Dice el epígrafe de Rimbaud que abre estos poemas: "Jamás podré echar al Amor por la ventana". Aunque todo poeta puede hacer suyo este aserto, en la obra de las poetas nuestras es, si se quiere, más patente. Mariela Dreyfus pertenece a una generación de mujeres que, como ella, encaran al amor sexual con coraje, arrojo y lucidez; que hallan en él savia nutricia, pasión, exaltación, condena. Este es el aporte característico en el plano temático; en el formal, es la adopción de un lenguaje desprovisto de ornamentos, atento a la realidad de su objeto y fraguado en el corazón de los hechos cotidianos. La poesía femenina del Perú de nuestros días, desde sus plurales y personales manifestaciones, es una y solidaria con la poesía sin requerir etiquetas clasificatorias ni, menos aún, aprobaciones condicionadas a esto o aquello.

    Ciertamente, Mariela Dreyfus no defenestra al amor. Lo encuadra en la clara ventana de su página, no para luchar como Jacob con el ángel, sino para hablarle de veras, para arrancarle la verdad a expensas de su propia paz.

    Escribir sobre el amor es un acto que sólo puede originarse en el destierro, pues será siempre extrañamiento y nostalgia de un paraíso inalcanzado y buscará franquearse con ese tú que es su razón de ser y de existir. Y así lo hace con patética necesidad de recuperación, inmersa en la enfermedad, la soledad, el dolor. Sus palabras no se miran a sí mismas, no intentan seducir, pero sí liberarla, en el ojo de la tormenta diaria, del tormento de una desgarradora experiencia.

Leamos un fragmento:

Dos animales huyendo de la muerte:
tal la instantánea que nos capta.
Y otro ángulo revela:
                    genitales de espuma
textura y vellos
                    tu vientre de mercurio en mi vientre de espliego
un crispado equilibrio entre el placer y el miedo.

Poemas humanos en los que el lector percibirá la febril irisación de un cuerpo enfermo y al amor arrastrando un ala quebrada. La aflicción, sí, pero también el éxtasis.

Javier Sologuren

Quand nous sommes très forts, ---qui recule? très gais, ---qui tombe de ridicule? Quand nous sommes très méchants, que ferait-on de nous?

Parez-vous, dansez, riez. Je ne pourrai jamais envoyer L'Amour par la fenêtre.

Rimbaud

Ningún alivio en esta soledad

Devant qui

Ante quién me arreglo en el umbral
Para esperarte sola   desterrada
Mi piel se extiende en su brillo y se devora
El reloj de papel hace guiños sonriendo
Ardiente tu cuerpo no llega en la ola del tiempo
La vela que antes me alumbró ahora duda
Ante quién el umbral al fresco viento
Fresca yerba que no fluye ni aroma
Ante quién los dientes la prisa y el asombro
El umbral es de polvo y tu cuerpo no existe.

Distorsión

Si asomo a la ventana una tarde de niebla, volteo hacia la cama y te susurro: "Despierta, el sol brilla". Y el redondo vacío de las ollas / es un sabor humeante en la cocina / y el ruido de la estufa un eco alegre / y la imagen gastada de unas cuantas monedas / el fulgor que nos queda para vencer al tiempo.

La noche es sombra pero también deseo / el insomnio no cansa / el animal que me devora el pecho suaviza su aleteo / el ritmo de su aliento me recuerda / al discreto latido de un corazón en calma.

Éstas son las ligeras distorsiones
que hacen de nuestro amor
una diaria mentira.

Vigilia

Duermes. Ahora duermes con ese gesto que oculta el peligro
el grito con que hieres
aquella boca que dulcemente derrama tu conocida hiel.

¿Dónde está el fin, cariño?
O dime dónde nace este sol delirante
en el que tú y yo giramos como ciegos
criaturas hambrientas que se pulsan y agitan
al compás de una música que adormece el oído:
un golpe y otro golpe y aún otro.

Estoy en ti para el daño.
Esa caída que surge al roce de mi risa sobre tu furia
o tus dedos sobre mi cuello / o mis uñas sobre tu piel.
Un vil rodar de fieras al vacío, prolongando la noche.

Estás en mí para el desvelo.
Los ojos dilatados, el pulso ardiente,
la infantil perseguida que voltea y te pide: "ya no".

Y después en lo oscuro me rindo al dormido artificio de tus miembros
y a ese furor que vela entre tu sueño
y a ese sueño que oculta entre sus pliegues tu verdadera piel.

Este ruido no cesa

A Rocío Silva-Santisteban

Otra vez la campana.
Su lento, mecánico estallido,
su insólito vaivén.

¿En qué momento acechará la ola?
¿En qué rincón de sombra te asaltará de nuevo
esta marea ciega de gritos, insultos, maldiciones?

Lo sé. Inútil que te marches o concedas al eco
de mis torpes palabras.
¿Pero qué hacer si esta pendiente
en la que cada entrega
minuciosamente se quiebra cada día,
este temor clavado entre mi sueño
o entre tu sueño que cada noche
perturbo y luego velo,
esta roja manía, esta oscura dicción
es la máscara obscena que se ofrece al dolor?

Entra en mi pesadilla.
En este ojo cíclope que todo lo deforma.
Como un perro que aúlla en la boca de un túnel
o una ventana que arroja su música sobre la noche hambrienta.

Arden en mi pupila, otra vez
la inocencia convertida en cuchillo; la ternura
en asfixia; el deseo en chacal.

Sálvame. Sosiega este vacío o dulce habítalo.
Despliega sigiloso tus amigables voces.

En mis ojos cerrados vibra este alarido que nombro.

Canción

Ningún alivio en esta soledad / ninguna afectación
sólo mis huellas ante el espejo oval, un cigarrillo
y la música de Jim que no logro descifrar.

¿Y tú? Ah, sí, olvidaba esa foto colgada en una esquina
mirándome reír, rumiar absurda, tambaleando.
Pero el tiempo no sabe de ti ni de tu vértigo
ni de los años huecos que juntos animamos sin cuidar.

Una canción de niños – *that's all I need*
una simple canción que me susurre:
él ya no es más él / ella ya no es ella más
sorpresa   grito   rabia   tu imagen diluyéndose
¿ves? qué suave ruedas a la esquina con esta melodía
un sábado cualquiera, con niebla y sin dolor.

Pregunto en una noche sin luz

Alguna vez pensé
—como quien predice una escena—
que harto y dispuesto de vil manera discutirías
sobre mis voces, manías y sobresaltos:
"Acostumbra a gritar cuando se siente herida,
por las noches no duerme y se ha ido habituando
poco a poco al abismo.
                    —Ah, y esas ojeras".

Tú amor / tú amante / con ese afán que me jugaste
que posaste tu mal sobre mi vientre hirviendo
que volteaste mi cuerpo al revés y endureciste mi corazón
¿puedes acaso presentir lo que se oculta tras mi piel?

Medito a ciegas
              vago perdida en los páramos del vértigo y la culpa
¿es tu gesto el miedo a resistir tanta soledad?

Triste es ese rol de perverso que de pronto te sienta
y te aleja de mí sin más arma que cierto desdén
cuando el monte del amor ruede sobre mis pies
¿quién estará en la puerta para recogerlo?

Los que nada arriesgan nada tienen que perder
he representado mil caras en mil escenas sucesivas
a veces se mezclaron y tuve que callar nombres y perfiles
¿quién distinguiría mi olor en un tinglado sin luz?

"Cuídate del joven crespo y témele a los vientos",
cábalas que de nada sirvieron para acariciar la paz
pues todavía dudo ante una sombra que al dormir renace.

Anochece, la noche cae sin misericordia
¿a qué tanta destreza si el deseo late y nadie lo escucha?
Tú amor / tú amante / ausente mil años de mi centro giratorio:
anochece sin tregua y siento frío.

Como presagio cierto de reposo

ENTRE LAS CUATRO PAREDES de mi cuarto,
                                        el mundo se suaviza.
Esta tarde, poseída a plenitud, meteórica, pinté un poema
sobre una maderita que ahora luce junto al niño Jesús.
Los libros que se amontonan, obstruyen el camino y la limpieza:
de no haberte cruzado por mi vida, yo no sabría leer.

A las 5 p.m. la enfermedad es una buena disculpa
para esperarte solitaria en la ventana, cuando
tengo el pecho apretado y este aire me asfixia.
Pobre hígado, es como haber probado éter
y estar bajo el dominio de la presión o la temperatura.

El tiempo transcurre en el poema, mi frente hierve
tú, entre nervioso y displicente, te apuras en mover
un poco de azúcar en el café pasado.
Es hora de apurarse, de dejar que cada poro de mi cuerpo
diga lo que tiene que decir.
(En estas circunstancias, no es difícil pensar en el adiós
y toda confesión se vuelve perentoria).
Cada una de las edades que conforman mi edad
pasarán turbulentas y yo volveré a ser
la jovencita que a los quince estuvo a punto de sucumbir
pero que aún respira.

Todos saben que vivo, que respiro

1.

Quieto. Descubre la pastosa consistencia de mi lengua,
este placer amargo que sin pensar te entrego.

Y te entrego un secreto:
mis secreciones sigilosas fluyen
de la salud al mal.
Oscuro túnel, vena donde se agita
este líquido enfermo, que cada dos por tres
una de blanco ha de pulsar, mientras aprieto el puño.

2.

Hospitales. Un olor a lejía
invade sus paredes verdes.
Allí, bien pueden salvarte la vida
o quedarse con tus huesos para siempre.

Y aquí está mi osamenta.
Éste es el débil cuerpo que pasean de consulta en consulta.
Éste el espectro que concede:
estira la lengua, respira profundo, relaja las piernas, escupe.

Un Cristo divinamente clavado en la pared
proyecta el sufrimiento hasta su límite.

3.

Llevo años luchando tras la imagen que acierte
con este malestar.
La sensación de deslizarme por un terraplén,

galerías de espejos donde un viento cruel
me deposita en la apatía, el dolor, la soledad.

A ratos intuyo mi interior como una cueva
cuyos tejidos se contraen y aferran
a una forma seca.

Entonces asciende un ácido a la boca.

4.

Otra vez anestesia para calmar la máquina,
la prodigiosa máquina del tiempo.
Años y años y la insensata gira sin parar.

Alguien me tiende en la camilla a repetir el rito:
todo es silencio, blanco y estirado alrededor.

Ahora este cuerpo por el que anoche navegaste sin parar
es una masa floja; un tubo de ensayo que espera el veredicto.

Media hora. Cuarenta minutos. Setenta.
Todo el aire se carga con un solo presagio.

5.

Abrir el contenido de este cuerpo no lo librará del mal:
absurdo rastrear lo que no asoma pero en el fondo está.

Lo viscoso, el peligro, lo fatal, ¿importan tanto?
Ni el frío cirujano ni el escalpelo ardiente hallarán su camino.

Este corte ha logrado desatar
ha desatado
el frágil hilo de salud que aún me ataba al mundo.

Doble deseo *

1) M: Si los olmos dieran peras
   J: Mi amor sería más grande que el mar

2) M: Si la noche no terminara nunca
   J: Tendría que llevar medias de lana

3) M: Si abriera los brazos
   J: Mis zapatos no harían ruido al andar

4) M: Si este momento no fuera cierto
   J: Cerraría los ojos con dolor

5) M: Si un animal me mordiera en la noche
   J: No volvería a confiar en el viento

6) M: Si tus ojos me miraran con furia
   J: Apostaría una tarde bebiendo frente al mar

7) M: Si decidiera recorrer lentamente tu cuerpo
   J: La luz y la sombra se juntarían en un abrazo para siempre.

* Una tarde, después de mi operación, nos lanzamos a este juego surrealista. Yo escribía una frase hipotética que comenzaba con "si" y él, sin mirar, escribía otra en condicional. Las coincidencias o el absurdo, se deben a la anestesia o al amor.

TIEMPO Y MEMORIA SE MEZCLAN AQUÍ

Verano

Se vuelve urgente / necesario
leer *Los ríos* de Ungaretti
frente al mar
para después lanzarse,
al bravo estilo Storni.

INVIERNO

Tenso es el instante en que una fría desesperación precede a la muerte.
Tenso el instante en que abismo y alivio nos llaman con una misma voz.

Era brillante, bella y arriesgada; de niña
la mística la hirió con ardor silencioso y su padre el ausente
asumió la apariencia de un gigante maravilloso y vil.

Después la sedujo la poesía
—esa diosa evasiva que puede ser cruel—
y empezó el febril recorrido:
la escritura febril, el febril matrimonio y los partos febriles
—una pareja de bebés a los que alimentó
pesada cual vaca y envuelta en su bata floreada—
enredando el amor, persiguiendo una inútil metáfora.

Meses de locura, de alegría, de insomnio.
Hastío más humo más viento más desolación.
Y el invierno más crudo adherido a los huesos.

Era el minuto exacto para el discernimiento.
Los copos de nieve lanzaban su espesor contra lo amado.
Ella dio una mirada de reojo:
un insistente llanto resbalaba en su pecho sin transmitir calor.

Dos décadas y dos intentos; ¡basta!
A veces, toda una vida errante se cifra en una sola pregunta
sin respuesta: *"¿Es por esto que hemos existido?"*

Hora de descansar: el silencio se clava en el ojo del tiempo.
Ella pasea por última vez su terca y pesada soledad en los pasillos.
Su soledad, caracol que se enrosca sobre el pasto de los indiferentes.
Alguien vendrá —o no vendrá— a sofocar este aire que aturde.

Y luego es Sylvia la que pulsa extasiada el botón de su última puerta
y en la entrada de un horno deposita las penas de su memoria ardiente.
La que acaso descansa y nos lega un secreto que nos cubre de culpa.

Huaico

Toda comunicación entre usted y yo
ha sido bloqueada.
Sin embargo, nuestras bocas apretadas se arrancan
y hay un sonido próximo a estallar, pero silencio.
Me desmiembro, dejo a un lado el corazón y pienso:
en los años 50, todavía joven, erró por la ciudad
pobló con su oscuro sueño los hoteles
fue empleado con un traje a rayas a punto de perderse
y después, escribió.

Ah, señor, usted no sabe mucho de mis varios intentos
en esta mañana con el sol hiriendo mis papeles:
las otras mujeres han marchado al trabajo
o lustran, cocinan, se acaloran
y yo aquí, sentada en el mediano equilibrio en que me dejan
los amables abrazos de mi amigo
sobre la hamaca que usted compró.

Cuando llega, señor, mis dedos tiemblan
y no es por la bebida, mis ojos se agrandan
y tratan de verlo detrás de los periódicos
detrás de los papeles y papeles
que usted edifica con cuidado y que me alejan
me arrinconan para siempre en esa casa
donde manda usted.

Te llamo y te busco y no puedo hallarte

Ahora, Aurelia, que el tiempo ha caído como un loco
y te busco y te espero a la hora del almuerzo / bajo el sol
y sin embargo ya no eres la que entraba natural a mis sueños
navegando interminable por la casa como un fantasma vivo
trayéndome noticias que sabía desde niña
contándome que la muerte lograda mientras dormías
sobre un hombro con tu cuerpo a punto de estallar
despedazado en mil estrellas violáceas que yo hubiera recogido
que esa muerte te coloca más allá de mi cariño
y te aleja por un camino que no conozco
un camino de polvo que te ha cubierto a mis ojos
y ya no puedo llamarte / no dejaste dirección
y fuerzo estas líneas para encontrarte de nuevo
tranquila frente al poema
con tu paso quedo cubriendo los ruidos domésticos de la muchacha
que tu porfía rescató cuando la fiebre la devoraba
y se quedó a cuidar de tus enseres y tus ollas
te apagó la luz por última vez y alisó tu mortaja con cuidado
y después dio media vuelta y quedó sola y delgada frente al mundo
sola porque no te fuiste sola / se fueron los demás
ah, qué pronto huyeron los parientes asustados al perder su lugar
en la mesa —ese refugio donde todo sonaba coherente
ah, y que solo estará cada cual llamándote al almuerzo
con el sol a sus pies y el tiempo golpeando como un loco
y tú, barca que ondea, clavel, danza fantasma, Aurelia,
¿es que al menos no vuelves natural al frío de mis sueños?

Primera visión del puente

(Built in 1885)

La luz golpea contra el acero extendido en esta longitud:
veinte minutos a pie sobre los gruesos durmientes

Tiempo y memoria se mezclan aquí, entre las cuerdas
                                        –ese enredo metálico
¿Ves las mujeres que rasgan sus faldas entre la brisa estival?
¿Ves los caballos que asoman sus ávidos belfos entre la niebla?
¿Ves los perversos que acechan su presa entre el agua estancada en la bahía?

(Una desesperada historia se estrella contra las puntas de altos edificios)

Impura mezcla: metales sobre la piedra
La muerte bajo el fulgor
El beso y el puñal en su estructura

Pero los caminantes amorosos que somos
Continúan su marcha distraída

Disparan fotos ante lo cierto de este instante volátil

El amor terco a todo

Imagen

Ahora que tendido nuevamente a mis pies, tu cabeza
en mis muslos, reposas,
pregunto por el clima que sugiere esta escena,
distraigo la mirada / apunto hacia el espejo
y busco detener nuestras formas calmadas
en una imagen que nos ligue al tiempo.

Dos animales huyendo de la muerte:
tal la instantánea que nos capta.
Y otro ángulo revela:
                        genitales de espuma
textura y vellos
              tu vientre de mercurio en mi vientre de espliego
un crispado equilibrio entre el placer y el miedo.

No importa, amor. Qué más da si ahora somos
este par de jinetes extraviados / perdidos
el afán y una mañana
por el juego de holgar en nuestros cuerpos.

Todo lo cambiaría por esta plenitud, este efímero grito,
esta membrana ardiente que se entrega al delirio.

Love is a shadow
how you lie and cry after it

Sylvia Plath

DAME EL ABISMO que nace de tu perfil de piedra que horada
    la noche y corta mi respiración
Un cuchillo torcido   un hacha de lumbre
Contigo dolor y deseo se mezclan al ritmo de un tambor sordo
Hambrienta mi lengua calcina tu vientre tu cuerpo de león
    afiebrado que nunca se aquieta
Aspiro tu rostro tu alma tu extraño poder que circula del lecho
    a la calle del sueño a los días
Ubicuo mi dios antillano
Dame la dicha de poseer el furor de tu pelvis donde todo
    se anima o detiene al ritmo de mis convulsiones
Tus ojos son el pozo en que se mira y descansa la angustia
Dame la línea de tu espalda que divide la duda de la desesperación
Mi sudor reposa en tu ombligo y mi pálida luz.

La luna
(Tú y yo)

1.

Una lunar
una lunar incandescencia
ilumina el gesto de los amantes
mientras el ruido avanza
y la tensión de un músculo
el peso o liviandad de nuestros cuerpos
es todo lo que importa
en medio de este caos.

2.

Lo nombro y no debo continuar.
Las palabras se agotan. Y yo he visto mujeres
herir por un trozo de pan. Aquí, el agua
suele ser turbia o cristalina
                    —sólo en ese, tu mar
y hay hombres temblorosos y niños polvorientos
durmiendo al filo de la noche, en cuarteadas veredas.

3.

Ya no importa
si es la luz o su ausencia.
Asustada divago por tu cuerpo
que debiera cuidar.
Una joven pantera enroscada a su madre:
así me amas
            así tu calor
me protege del tiempo y sus miserias.

4.

Llévame a tu orilla
allá, donde dices que todo es tranquilo
–la noche y su caricia, el viento sigiloso
los campos de algodón en que reposas–
llévame a tu sueño
o desliza tu voz por el teléfono
da la señal
        el grito

No soporto esta luna.

El bosque

Sólo tu aliento me protege este invierno.
Temiendo cada contacto con lo humano
cada olor que se pega a la piel
amo lo que hay en ti de piedra o de pantera
tu exactitud de roca   tu felino delirio
tu silencio y vacío que me nutren y aíslan.

Amo
como una flor incierta que tampoco
se atreve a mirar el mundo
y destila su olor en un bosque de sombras.

(Tus ojos la sombra de tu cuerpo
tu cuerpo la sombra de la noche
tus ojos de un espesor igual al mundo
mi amor como una sombra frente a ti)

Amo como unos labios que tal vez
                          no rocen la frontera
o les falte un instante para rozar lo cierto.
Pero he besado cada resquicio de tu cuerpo
                          el músculo del corazón
tu corazón que late tiernamente bajo mi corazón
la sombra de tu cuerpo
donde poso mis ojos de animal espantado.

(Ojos de ver de no ver de olvidar
inmenso es el mundo y me someto
dejo fluir el ritmo de la sangre
las sombras iluminan el bosque
y danza la noche en nuestros cuerpos)

Acaso no roce la frontera
o me falte un instante para besar el tiempo.

Oscura divago entre lo incierto
sorteo los rastros de lo humano
silencio es el rey en este bosque
aquí, donde sólo tu aliento me protege en invierno.

LA PAZ SEA CONMIGO

Nunca veré
oh luz bondad del limbo
dónde residen las controversias
de dos cerebros rodantes que se cruzan
y al borde del abismo chocan   caen
      manan sangre

(Como el Principio y el Fin
             el Tú y el Yo
son imanes en ataque, perturbados
cuyas flechas en ristre
no perforan mis dominios).

Abajo el ave azor algo me chilla
y he advertido el grito sordo de la corneja,
su huida siniestra.

Mas nada aquí, en mi lecho de vuelo
estorba, oh paz
la perfecta supremacía del Armónico.

ÓNIX

*Para Isabel Gallego
y Gabriel Ochoa Dreyfus*

Sólo creo en los climas de la pasión

Huidobro

*Esto se llama destino: estar de frente
y nada más y siempre enfrente*

Rilke

I

En una calle desierta

lentamente
como nieve
como un templo
cuyos íconos se esfuman
he perdido
—en mí de mí a pesar mío—
el leve roce del amor

(hace años advertía, ligera,
que sin él no se vive)

¿y qué es esto, di, entonces,
esta maraña de luces y de niebla
donde mi cuerpo
desnudo y sin cabeza
para no ver / ni oír
para no presentir el paso de las horas
ni la risa de aquellos que se abrazan
se encamina, pulcramente, hacia la nada?

Ave ala quebrada

Minúsculo y sediento
es ambiguo el fugaz colibrí.

Incesante, el rabillo del ojo lo percibe:
el vértice quebrado de su pico
aterriza en lo oscuro
                    pero la espalda
como un aspa de polvo todavía se agita
y en un guiño de ala se aferra a lo vivo.

Acepta la metáfora que otorga
esta curiosa agonía:

En tu ausencia
el cuerpo hundido en la tristeza
como ese colibrí aletea sin ruido
y a mi lado
el loro del vecino canturrea
y se agolpan los pasos
y se baten las puertas
mas es tan denso el aire
que me ahogo entre todos
con el sopor que brota
cuando la vida gira
y arde la soledad,
gris infinita.

Envío

un corazón partido
no es una metáfora

es apenas un eco
el túnel donde gira
este alelado viento
un gusano que arrastra
el peso de tu sombra
entre la greda

con esta sed arisca
donde nada se vierte
con esta gris arena que se pega
y estalla el paladar
la lengua quiebra

entonces el dolor
no es una palabra sino un cuerpo

un músculo cansado que destila
este aire de muerte

SE BUSCA EL AMOR EN LA CIUDAD

1.

Es verdad, en tu nombre, persiguiendo
las más oscuras metamorfosis de tu ser
atravesé las calles / erré esquinas
y en la punta del más alto edificio supliqué

Tu mirada entonces como el ónix más puro
sólo reverberaba
al ritmo de la ira o el desdén

2.

Extinguido el círculo de pasión en que tu cuerpo
danzara acompasado junto al mío
impasible apelaste al silencio
y el afán, el deseo y la entrega
volvieron la mirada hacia adentro, hasta encontrar
a ese mezquino tuyo que dormía
y se lanzó una tarde
                            por la oculta avenida
donde ninguna luz detiene el mal

3.

Lentamente
como la crisálida cuando cambia de piel
te despojaste de esa mi piel que te cubría hasta la asfixia

Hasta en sueños, posesa, te seguía
te llenaba de gritos imposibles
escaleras de angustia y ramblas encantadas
paisajes donde mi cuerpo
de vuelta a la vigilia te buscaba
atisbando en la niebla
                          la más ligera huella de tu paso
para adherirme a ti, a tu olor y a tu forma
vagando entre los muros de una ciudad sitiada

4.

Esta ciudad es más bien una isla
y esta isla el tinglado donde asoman
un príncipe de palo y su muñeca en llamas

Solían hallarse a la luz del insomnio
cuando a los muros sigilosos trepaba
el rumor de las calles
                 o el silbido de algún quieto mendigo

Él era arisco y se dejaba amar
ella le recorría suavemente
el tibio contorno de los miembros
y en la penumbra invocaba los nombres
de esa emoción que con él le nacía
como una fuente primitiva de ecos
o una cadencia líquida de signos

Las nacientes palabras vertían
un salmo de exaltación y de ternura
al tenderse los dos alternando en la almohada
a labrarse en el torso un tatuaje de besos

5.

¿Era el índice o el medio
la vara que celosa medía mi epidermis
viajando por los pliegues y el recodo
pulsando entre los poros
el dormido delirio y el resplandor del vértigo?

Como rey una tarde
el bosque de mis vértebras uncías
o hilabas con dulzura
                la enrevesada trama de mi cuerpo

Dedo del corazón:
al trasluz en la punta del alba
desplegabas mis párpados
                me entreabrías el pecho
y al rozarme un instante poseías
la desnuda mentira de mi entrega

6.

Cuántas veces tejida entre la noche
tu cabeza de pino y alabastro
                ha rodado hasta mí

Alimañas muy finas le lamían los ojos
y el cabello, como cien cuerdas tensas,
lanzaba un acorde salmodiando
la dulce melodía que sonaba
cuando en la piel dormida me tenías
anudada en la sombra a tu cintura
a tu ilusión de besos y caricias
temerosa del haz que descubriera
el paisaje alevoso del amanecer

7.

Temía la ciudad
lo que la excede y justifica
sus largos edificios coronados de palomas y aljibes
los secos labios del viento
                         el ulular de relojes y antenas
el vaho de la calzada en el invierno
las viejas ataviadas de armiño
                         y esos jóvenes golfos
suplicando una noche en el muelle una pose de afecto
como yo enfebrecida buscando tu perfil en el tiempo
en el ardor del bar
               trepada en una berma
                             ante un perro que ladra
tu perfil y tu frente
                  enquistados en mí
dueños de la ciudad en que partías
en dos mi corazón, mi inquieto canto

8.

Olas y gente
calles y plazas desveladas
con el peso de tu imagen pasando
como si un anda invisible la arrastrara
y luego
         asfalto abajo
la hundiera en ese túnel
donde la vida a otro ritmo circula
y el buen Cerbero de la garita herrumbrosa y helada
presto me arranca la moneda y los dedos
en el preciso instante en que te lleva el tren

Entonces
subo y bajo peldaños como paria

desde el andén
                        tu rostro reverbera en los avisos
tus espléndidos dientes
sonríen con argucia que me incita a lanzarme
a ser sólo en el aire
un punto que hacia ti vuela y estalla
se precipita en una límpida caída
un alarido triste como el último coche
oscuro y vacío y vibrando

SE PIERDE EL AMOR ENTRE LOS PINOS

1.

La fina y melancólica luna ahora desciende
como una uña recién cortada
suspendida en silencio sobre ese lienzo azul.

Azul de las revelaciones y el asombro
semejante a un espectro te deslizas
devorando a tu paso todo bosquejo o forma.

Mis ojos a tus ojos sin brillo avientan dudas
y las manos crispadas
en la sombra destejen la densidad del aire.

2.

Quietas, filudas aves convergen al fondo del calor.
Es menudo su canto pero en conjunto dominan la escena.

Sólo se atreve entre las hojas un diminuto ciervo.
Sus pupilas me apuntan y luego,
en apurado gesto, patas y vientre
acarician la tierra antes de huir.

¿Importa descifrar ese enigma en la noche?

O ensayar una imagen: todo vientre es tibio
                todo vientre es igualmente tibio al roce
cuando otro ser, semejante y querido
se acomoda a tu vera y en el pecho
te brota una canción que la memoria entona:

*Yo era, disgregada y serena
en cada humana célula la réplica
del sutil dibujarse de tu cuerpo*

*Una total duplicación de poros, músculos, cabello
entregada a tus pies, a tus divinos labios somnolientos*

*Crecida en tu respiración, ciega viajaba
adherida a tu voz, acompasando el tiempo
al delirante curso de tu sangre.*

3.

A la amplitud
a ese azul que se extiende hasta cubrir el bosque
mientras afuera fumo y al hombro desciende una alimaña
pregunto:

¿Cómo fue que perdimos el goce
la suave reverberación de la caricia
esa piel delicada que recubre muslos, senos, párpados?

Ah, y los brazos, su lenta floración,
el vigor que esgrimían para abatir al muro
infinitas espadas conjurando el silencio
y el miedo de tentar de nuevo a solas.

(La memoria
su vano simulacro de sucesos
el perfume de un cuerpo que por aquí anduvo
imponiéndome un ritmo que iba de a dos en el fluir del tiempo)

¿Cómo fue que perdimos el tacto,
la diaria presencia de los besos, su dulzona acritud,
su tierna consistencia de paloma?

(Si tan sólo el ayer
como una leve flor atestiguara)

4.

Es menguante y en el cielo peligra
ese trozo de luz que todavía es suyo.

(Parpadea fugaz sobre la tela
como el cierzo mentido de tu boca
como el último aroma de tu cuello)

Avanzo, apago el cigarrillo y al fin sé
que nada permanece

Que los amantes
prestos o lentamente se disuelven
cortan algo en sazón y se aborrecen

Tanto, que desde aquí
arranco con los dientes esa uña
la arrojo entre los pinos y me entrego
a cantar el oficio de lo negro.

Solitario cocuyo de la noche

Aquí, sobre estas escaleras
como una adolescente asustada y fumando,
aguardo.

Tras los pinos una luz asoma en el camino.
¿Serás tú que apareces, enviado,
con esa luz que es tuya y te otorgo
inmensa y suavemente tocada
al compás de mis sueños?

      (No conozco más juego que éste.
      Yo, que inocente y herida,
      todavía persisto).

Pero la araña,
sus patas largas como presagio
del enredo que me ata
te alejan, infinito, a los campos.

Tú cogiste una noche esa araña:
en lo oscuro su diminuto cuerpo gris
se agitaba por irse y yo pedía
ser ella entre tus dedos.

Se han desvanecido los insectos.
Cocuyos, ¿dónde están esta noche
caliente y honda que se lleva
el humo de mi último cigarro como excusa
para permanecer en el portal?

Nada.

Entonces levanto mi cuerpo sigiloso de araña,
pulso la manecilla y adentro,
otra vez la soledad es esta vía
que no te inventa más.

Nocturno y viento

> *De trop t'avoir fixé ô pierre*
> *Me voilá dans l'exil*
> *Parlant un langage de pierre*
> *Aux oreilles du vent*
>
> César Moro

1.

Esto que gotea me aniquila.
Las paredes, los vasos capilares
detienen la humedad entre sus fibras
y un sonido implacable denuncia
la caída del agua y la estación violenta.

Es tiempo ahora de sellar ventanas.

Extraviada adivino tus formas
en la oscura consistencia que toco.

2.

Tras la ventana el verde del jardín
apenas respira entre la lluvia
un agua lenta que luego desemboca
y es el trueno y las luces peleando en el celaje
demorado fulgor de un abrazo vacío
sin apremio sin tacto sin ternura.

Al final de la tarde el peligro se instala
como un gato cansado en la penumbra.

3.

Se precipita un río desde el cielo
su líquida cadencia desentierra lagartijas y huesos
el viento agitando las casas se lamenta
crece voraz el ritmo en las arterias.

Si alzara las persianas su eco tal vez penetraría
rompería el silencio en las alcobas
el miedo a sortear el temporal
sin la tibia presencia de tu cuerpo.

4.

Aquí me tienes con los ojos cansados
mirando esta tormenta que lo revuelve todo,
que empaña los cristales y me impone
humedad y alarido y mansa espera.

En la rama contigua un gran cuervo se apresta
a croar su lamento frente al rayo;
deformes por el peso del agua sobre el lomo
las marmotas avanzan asustadas.

Además ese viento desplaza los objetos:
macetas y utensilios describen espirales
las colillas son balas de ínfimo calibre
una roja camisa tendida allí se inmola.

Laberinto de voces y materias,
desgarrados los quicios y las puertas
se oye un gemir incierto en la espesura.

5.

¿De qué se duele el viento,
qué postes destituye en su estampida incierta?

¿O quién ha despertado a los frágiles ciervos,
quién alteró su salto del jardín a los bosques donde ahora
sus cuernos acribillan la sombra y resucitan
el rumor de la angustia entre los pinos?

Apagados el reloj y los cirios, ¿qué susurros delinean
el transcurrir del tiempo en las tinieblas?

Hay tan sólo preguntas mientras fluye la noche
y al fondo, una linterna, fijo punto que aviva
el espanto en los ojos.

Inmóviles los torsos se adivinan
pegados a los muros que la ventisca agita
y entre fríos y libres desmadejan mis dedos
tu presencia en lo negro o en el centro del grito.

6.

Como el viajero
como el equilibrista
como la raposa que arrastra su cola camino al abismo
con las uñas
el enredo pegado a la lengua
el terror al ombligo
                    te busco
en este vendaval
con el viento que aullando divide
las sólidas cosas / la raíz del todo
                    te busco.

7.

Giramos en el ojo de la tormenta
alguien lo acuchilló y enfurecido
vierte su agitación acompasada
sibilante y nocturna como un himno
tierna como la herida que convoca a las fieras.

Tiene forma de lobo esta amenaza
su silbo sacude las raíces
subvierte la memoria y envilece el deseo
verticales nos halla, ateridos y atados al Gran Miedo.

8.

Cuervo de los desvelos y las penas en sazón
tú que oteas y muerdes entre la cruda hierba
el olor y los restos que lo corrupto crea:
¿ha desgajado el tiempo su última estación?

Diestro en la peripecia y el asombro
las batientes campanas y su duelo:
¿revelarán las horas su epitafio,
su inminente final de cara al viento?

(Susurros y una risa quebrada entre guijarros y unos pies apurados
Como en el sueño estas aguas convergen
La mano recorre el calendario y halla el rojo guarismo que señala
    el festejo olvidado de las brujas)

Cuervo de la tristeza y el insomnio:
sacude con tus alas el presagio
                            o aviéntame del pico
un cuerpo a qué aferrarme entre las piedras.

9.

Despertaremos en un claro de noviembre
mecidos por el tiempo y su impostura
limpiando el apurado brote de la hierba.

Confesión

Siempre seré tu mujer.
No hay sumisión en esta entrega.

Las caderas que dócilmente se curvan
son mías y no. El roce es lento.
La lengua sedosa
busca tu red de nervios en la oscuridad.

Cada nueva estación
acepto este juego de espejos
en el que tú y yo, es decir,
una parte de tu cuerpo entra en mi cuerpo
y viceversa.

Siempre seré la que espía.
Y se divide para mejor mirarse, hasta encontrar
la oscura fisiología de las cosas,
el animal que sigiloso repta entre mis venas
y que pulsa y se agita
                        sobre la tibia esfera de tu vientre
encaramado y fijo
                        sobre la tibia carne de mis pechos.

La que indaga y persigue: ésa soy.
La que atrapa y domina hasta la náusea.

Y luego se tiende
                y repite obsesiva
el pálido gesto de la entrega:
las fisuras ardientes / el furor en los ojos
los fluidos y goznes que a ti me atan.

BUCÓLICA

Esto es lo que seduce aquí en el bosque:
en las noches sedientas deste agosto
podemos asomar a la terraza
—la tela metálica es el límite
entre el canto del bicho y su aguijón ardiente—
y en la mesa, coja y raída en su madera
colocar el licor que como un río
nos mece y nos empapa y nos devuelve
a una diáfana orilla entre las piedras
primitivos y locos de cabellos al viento
sentados a horcajadas en el otro
desnudos sin prudencia ni piedad.

Mi amor escancia el vino con dulzura
el talle de cristal aquí es mi talle
la base tan suave y tan redonda
mis caderas que el tacto desvanece
mis formas se diluyen mientras bebe
me vierto y adelgazo y agiganto
soy el lecho y el lodo y la corriente
el viento que empozado ya no gira
soy la humedad, el calor y cierto frío
que recorre las venas al cumplirnos.

Soy la sombra que niega y también da
y el beso del insecto en el alambre.

II

En lo alto de un pozo

(Leonora Carrington)

1.

También es cierto que anduvo entre hospitales
y despertó una tarde,
los labios tensos, la piel colmada de inyecciones.

> *(Como una puerta entreabierta, como un tajo*
> *el encierro la marca y la separa.*
> *Los sedantes / las sombras*
> *el fulgor de la otra que ahora asoma*
> *el espejo en que flotan los fragmentos*
> *una vez que ha sido sometida al delirio)*

Pocos vuelven ilesos de esa separación.
Y los medicamentos, así cambien de nombre
siempre inducen al mismo, doloroso sopor de cada miembro.

> *(Es ella, sólo que con varias dosis encima*
> *sólo que la pequeña, jorobada enfermera*
> *no puede soportar su flojo cuerpo*
> *y la deja caer en las baldosas)*

2.

Atisban, invaden los fragmentos. Como si contemplaras
una loza de China que se quiebra
en pedazos estalla el equilibrio
                                      el cuerpo
en dos mitades:
      la diestra que en lo oscuro avanza y toca el piano
        no intuye al ojo izquierdo, que interroga a las sombras.

Atada en algún potro, la voluntad dormida
revuelve en la memoria los rasgos de lo amado:
Max es sólo una foto; un perfil que se pierde.

En su busca desciende el caracol,
la locura y sus lianas, los eléctricos golpes
las camisas y tubos con que otros la asfixian
temerosos de que su verdad invada al mundo.

El dolor al besar, ¿es también premio?
¿Qué damos cuando damos, tambaleando?

Sólo el amor permanece como enigma.
Sólo el que entrega su propio, desnudo corazón
conoce la sed del laberinto, sus húmedas prisiones.

3.

Ocho meses –o diez– entre paredes grises.
Con la ataraxia, la sed untada al paladar.
Como si cabalgaras herida sobre la cruda tierra
la gris la cruda estepa en el invierno
                       la estepa inconsolable de Leonora
las grises latitudes de cualquier prisión.

(Es ella, sólo que separada del agobiante llanto
el llanto de quien duda
                    entre el aquí y aquello
incómoda / turbada / incapaz de asumir
la agonía en el goce o lo amargo de un beso)

Y tú tú tú
    ¿hubieras...?
    ¿hubieras aceptado caer en ese abismo
    absurdo / abierto
    hubieras permitido que apoyara su densa

su vacía cabeza sobre tu hombro / con su hambre
en vez de espiarla al dormir?

4.

Se le había prometido la conciencia.
Que el ser vuelva a su ser, tras el encierro.
Como el acróbata ante la cuerda tensa
acepta la experiencia, viaja
desde la luz al caos / del caos
al frágil parpadeo de la luz.

El lugar de los hechos se ha desvanecido.
El amante reposa con los ojos tranquilos.
La mirada es de jade, el tiempo inmóvil.

A solas en su cuarto, la libertad en espera
ora es otra y otra vez la misma:

A punto de partir, sabe que ama
lo indómito en la flor
y el sufrimiento
persiste en su universo de ciega testaruda.

En la pasión, invicta, permanece.

III

Último sueño

despertar sobre un prado
donde la noche arde

en la estepa amarilla
alguien se inmola

una desconocida cuyo nombre
repiten a coro los caballos

el prado es circular
y tiene planos

en la cima
el caballo que más ama a maría
se encabrita en dos patas para cantar su amor

ancas y cola
forman un haz de luz en el tinglado

"detente maría", carraspea el corcel
"no te aproximes ciega hacia el abismo"

mas el peso del animal
                          —y su estertor supremo—
lo llevan en picada rumbo a ella

cae sobre maría
              —ella tiembla—
cae sobre la suave música anhelante

maría tiembla seducida
por la clara osamenta del caballo

en los golpes equinos que recibe
su corazón esboza una sonrisa

es dulce el juego que a pasión reclama
no importa que al sentir arda la llama

En este muro asomó el ángel

(Santa Teresa)

Callado está ya el templo y en penumbra

En el alféizar sopla el viento
y apacigua el candil

Es gris el trozo de bayeta
que la carne protege y aligera

El donoso cabello en cuatro crines
y las piernas
genuflexas y heridas atestiguan
que el desapego es ley

Abomino del mundo
como quien se desprende
de una azarosa piel:

Se abandonan el nombre y la memoria
el contar de monedas contra el tiempo
entornados los ojos difuminan
el contorno preciso de los seres

De espaldas al tinglado
de sevicia y afeites y artificio
acaso accederé
al naciente paisaje donde habitan
intocados el alma y su sonido

Apretados los labios me ejercito
en convocar al fuego

Como olas
    sucesivo y violento asciende el gozo
deste nuevo mirar
    sigilosa hacia adentro hasta alcanzar
la estatura del ángel
    su contacto
con la piel
    aterida y ansiosa contra el muro

Lo ansío como ansía
    la oveja ante el cayado
el golpe y la caricia
    y la transposición

¿Qué humana desazón turbar podría la cautelosa ruta de
    mi ascenso?
¿Qué sonora elegancia interrumpir el supremo silencio
    de mi rezo?

¿Con qué han de persuadirme el miedo y sus argucias
si tras la mala yerba en soto de placer mi alma se folga
a suave yugo atada y entre los espinares abrasada?

(Para llegar a ti
    hasta el vértice mismo del delirio
hasta no ser
    sino la llama viva y la saeta
que presta
    se acicala y aproxima a la consumación
he dejado mis manos
    sus dedos que tejían la claridad del día
he dejado mis ojos
    la insaciable mentira de su luz)

Ahora

Mi cuerpo es este templo
            oscuro y habitado por la espada
de aquel dulce enviado
            y también siervo
como yo, del Señor:
            su venablo me eleva al penetrarme
acomete y desgarra
            el interior
brilla como verdad
            quieta y altiva
en el corte
            la sangre
y el ardor

            Y así, apretada en el Su amor continuaría
            Con una muerte tan sabrosa
            Que nunca el alma querría salir de ella

IV

Komm zu mir in der nacht

(Francisca, ven)

VUELVEN furiosas como olas esas imágenes de antes: la edad
    en que fui atrevida y sensual

Inerme como un muelle espero su embestida

O acaso el plenilunio agita la marea y me tiendo en la orilla
        ajena al despertar

Un ligero escozor casi un vaho recorre la epidermis y desata
        los velos que en falsía proclaman la rectitud del tiempo

No soy más esa anciana sola y enmudecida en la penumbra
        llevando como un halo fragmentadas memorias que
        el cerebro en la noche enrevesa y anima sin descanso

ENTONCES veo:

1927

El encuentro se labra en un puerto apacible de los mares
       del sur

Los visillos cerrados el polvo de los muebles las mujeres
       de luto que atraviesan la plaza las manzanas puntuales
       al centro de la mesa

Todo se confabula va tejiendo sus redes alrededor del tedio
       su monótono ritmo que ocultaba los veinte años
       febriles de mi carne

Y DE PRONTO el viajante su fina cintura acompasada
        los omóplatos tensos transportando gemas y lencería

Cuando abría en el puerto su valija solían volar los abalorios
        cuando hablaba su acento estremecía el pausado
        rumor de las esclusas

Erre con erre el mago me perdía

Me envolvía en la tela

Del intercambio libre del Deseo

TAL VEZ notó bajo el sol aplastante de las doce esa mi piel
        morena tan intensa como el dulce fluir de mis caderas

De mis ojos oscuros estrellándose contra el brillo
        azulino de los suyos

De pronto ante el corrillo que tasaba la venta se detuvo

Quedamente estiró las dobladas rodillas y el chaquetón
        de fieltro

Declaró que la bruma confundía el negocio y se avocó
        a seguirme por las estrechas calles de la tarde
        murmurando entre dientes una canción de amor
        de sus antepasados

ESA NOCHE perdí el sueño en el sólido catre de mi casa

Y sospecho también que el extranjero dio vueltas
    en el pequeño hotel del arrecife

Que fue él y no los cormoranes quien susurró esta frase
    a la altura crucial de las mareas:

Francisca, ach Francisca, komm zu mir in der Nacht

¿MENTIRÍA si digo que un instante la cordura como un
      dios mentiroso haló de mi vestido?

Pero entre los ijares ardieron las promesas y el cerrojo oxidado
      del portón se deslizó ligero entre mis manos

Y el portero que acaso cabeceaba en la verja no detuvo
      mis pasos que corrieron uno dos y tres pisos
      hasta llegar al lecho del viajante

Del que vende promesas y me entrega al mentido artificio
      de los sueños

¿CUÁL ES la consistencia de una noche que se extiende y
    contiene las volátiles horas de otras noches?

¿Qué del reloj y sus manos atadas cuando la fibra más sutil
    y más fina de los cuerpos infinita se entrega hasta
    el delirio?

(Es que ahora viajo sobre mi cuerpo
                        eximida del tiempo
o acompasando el tiempo
                    con la tenue caricia de tu aliento

Mienten las estaciones y los días
                    y al olvido que asoma le interpongo
el ardor de este instante al abandono
                    del tiempo que vendrá)

DESPUÉS me coronaron de silencio y distancia

Las mujeres huían de mi lado y los hombres rondaban
    en mi puerta sin atreverse a entrar

(Aspiraban alcanzar este grito
                                esta respiración
Soñaban como sueñan los necios:
                                sin pasión ni esperanza)

MAS YO seguí aferrada a las formas del viajante

A la ausencia que su cuerpo dibujaba en la almohada

A su repiquetear de ecos y caricias
      sinuosas y saladas como el mar
A su embestir de ola
      a la oscura marea de sus besos

LO ESPERÉ como espera
                    el alba un condenado
mordiéndome la angustia
                    el miedo cual badajo resonando
aquí, en este corazón
                    luego seco y sombrío como un dátil
duro como una piedra
                    en el desierto
que se parece al mar

PORQUE LA ESPERA es tan sólo anticipo del desasimiento

De ese fruto que de la mata de la vida se desprende
                                              año tras año

Ya la florida piel ha cedido al recinto donde asoman
    canas y cicatrices

Ya la noche circular en su engaño me ha devuelto
    al desdentado tiempo y sigilosa

Busco en el sueño atizar para siempre esa visión

Esa única landa del encuentro
                                      en que no muero

PEZ

*A Gabriel
y Martín*

*Procreadora del hombre
con quien salto sobre el fuego.*

Wislawa Szymborska

Embrión de niño   poema en embrión

Ambos nacen de una semilla impensada que del caos asciende hacia la luz

Hablo del temblor del origen de dos cuerpos tendidos el uno sobre el otro

Pieles que se humedecen enfebrecidos goznes absoluta fusión de su lengua en mi lengua de su vientre en mi vientre y después

Armonía finita interminable en el instante en que la cópula nos une y suspendida la razón se abre el tiempo:

Hilo tras hilo liana tras liana acontece y se gesta el nuevo fruto

Del albumen al tallo de la letra a la línea el sentido se trama y su sonido

Venas que son sintagmas nervios que se entrelazan como en la sinalefa o la sinapsis

Ciegas en marcha las sílabas o células sigilosas se buscan un lugar

Siento en mí tu latido pececillo que es el mío latido escondido:

Lento en la sombra asciendes de cartílago a hueso

Y lenta como la noche mi palabra asciende:

Óyeme que soy tuya en este balbuceo

Este canto que urdimos con pasión y delirio.

El deseo engendra el deseo. Su memoria como una enredadera adhiere a los canales donde la sangre hirviese. Después palpita el pulso acelerado ensanchado el circuito del púrpura fluido que nos une: te alimentas porque yo te alimento de mi aire respiras y si duermes la onírica visión que te atormenta la asimilas de mí en mi cinema.

Para la luz te he dado mis ojos
y el periscópico canal que te permite
mirar sin mirar desde tu cueva.

Anudado a mi cauce te deslizas
y en cada voltereta sabio aprendes
los colores del alba y la penumbra
que antecede a la noche y su nostalgia.

De afuera intuyes movimiento y sonido
y el urbano paisaje que te invento
al paso que me apuro entre la gente
cuando arde el verano y la ciudad
se asemeja en lo húmedo y el grito
a la tibia matriz que te cobija.

A las treinta semanas
bajo el arco ciliar ha de brotar
la gelatina ésa de la córnea
y enseguida habrás de padecer
el dolor de fijar con claridad
estas sombras que hoy sólo te asombran.

Creces en mí como el fruto que devorado con fruición florece

Una liana   una antorcha   una anguila

Aferrado a mi entraña   respirando mi aliento   revolviendo en el agua

Haces de mi centro una esponja un recinto invadido de ese sopor que en tu inocencia ignoras

Semilla que consumí en una noche apasionada y fría

Polen de mis amores   de mi darme y de mi estarme enamorada y fiel

Escucho el lento expandirse de mis huesos:

la zona cervical

                la zona sacra

                              la zona lumbar

        Como acordeón cual música se mecen

        Como mínimos dientes ya tus huesos
        al alimón también se van armando
            formando el espinazo
              el centro de tu vida
                  que andará

¿Adónde la palabra con su mínima lengua su conciso latido invertebrado? Un gameto la letra un cigote incipiente un semiótico mar de balbuceos.

Al comienzo no hay forma sólo un hilo una arteria de luz por donde asciende la vibración sonora que después adquiere su sentido al pronunciarse.

Marítimo el sonido de mi vientre de tu voz en mi vientre acompasando el sutil crecimiento de las cuerdas y también del tambor (de tus oídos).

El suave silabeo va entonando resuena en mi interior misma vasija sedienta de palabras de susurros que digan que me digan de ti de tu existencia melancólica y clara como un canto.

Matria: mórbido crecimiento de tu morada azul.
Modelada materia donde anida
lo amniótico y carnal.

Vadeas esa oleada de voces abriéndose a la tarde
y plácido te mueves en mi mar íntimo y tibio.

Tu minúscula imagen mimetiza
la metálica urbe cual matrioshka:
allá afuera está ella dentro yo
y aún dentro de mí va tu figura
mi muñeco mimado y somnoliento.

Madre Manhattan: magnífica guarida multiforme.
Megamatriz marina y musical.
Miríadas de ritmos   red de manos:
me crezco en ti y en mí se multiplica el otro
cuando mareada me miro en tu mercurio.

Avanzas en tu gestación y en la ciudad el peligro se gesta

Crece la vida en el noveno mes de este año impar en sus guarismos: cero uno cero uno cero uno

Y tú que eras la nada el cero el huevecillo de pronto aúnas células y huesos y te tejes

En mi casa interior te tejes   protegido del sol te tejes   inventando tu forma cauto tejes

Al trasluz tus dos brazos se agitan tus dos piernas ya danzan tus porosos pulmones aspiran expiran aspiran

Grávida geometría de la madre:
senos como triángulos
                      vientre circunferencia
piernas en espirales infinitas y altas cual gaudí.

Y en medio,
la carnosa certeza del ombligo,
tripa que comunica el afuera
y adentro, donde un cuerpo
invasivo se aferra a otro cuerpo.

Se colora el abdomen de azulados canales
el matiz de las venas que bombean
duplicado el volumen de la sangre.

Redondísima forma es la silueta
de la madre crecida y parturienta:
esculpida en el tiempo y la materia
en la dermis, el músculo y el nervio.

Del pecho fluye ya el calostro río
y el puente de la pelvis se levanta.

Pero el centro es la esfera -digo, el vientre-.
Su convexa armonía y su balance.

Vientre: cántaro y fuente,
esférica mansión labrada en carne.

Asoman por un canal metálico y angosto. Es una procesión de famélicos peces que a falta de vigor casi se arrastran, como arañando en un mar vacío. Mi hijo cierra la marcha y sonríe. De pronto se distingue un elevado resplandor violeta, inmensa nube de humo presagiando. Tosen y se atosigan los minúsculos peces; el agua del canal presta se tiñe. Pienso en sus vértebras, cartílagos aún, y en sus pulmones. Aspiro el aire que me queda, me lo trago; luego se lo entrego boca a boca a mi hijo, esperando que el beso le devuelva el oxígeno ausente y lo reviva. Oigo una voz en off riendo que me advierte: «El pez respira por agallas o branquias / por branquias o agallas respira el pez». Mi hijo empieza a hincharse a mi costado; sus branquias saturadas de aire no resisten. No lo asfixia el humo mas mi exceso; estalla por exceso de amor a mi costado. El oscuro canal ahora arrastra partículas del pez que era mi hijo. Voy contando jirones uno a uno; abro los ojos cuando llego a cien.

Ciudad metálica: como en los días más altos del verano ardes. Desde el sur se eleva la roja chimenea la flameante decoración a mediodía.

Otra vez las arcadas, su estertor sosegado, sotto voce. Son las olas de un asco que se asoma y asienta sin conseguir arder. El cuerpo me acontece como un vértigo gris donde flota la tarde rodeada de marismas.

Ciudad metálica: oigo el crepitar de los muros la materia maleable que al contacto con el fuego se deforma.

Ésta es la música del balbuceo: un sonido intocado que se instala primigenio y virtual sobre las cosas. En la cueva uterina te deslizas con el ritmo del sístole del diástole. Como ríos vecinos que convergen el arrullo del páncreas sintoniza con el seco galope intestinal.

Ciudad metálica: como una madre de espaldas a la vida en tu interior se gesta una masacre. El altísimo altar del sacrificio es de neón y plexiglás caben en él miríadas de seres esperando en la frente una señal.

Temo por tu consistencia. El horror de haber engendrado un niño-monstruo que anida en mí. Que tus ojos no puedan ver la luz: que en lugar de las orejas haya dos orificios infinitos. O que donde debieran florecer los brazos como lirios...

Ciudad metálica: los cables han sido cortados las calles se cierran los coches se atascan en la boca del infierno.

A ciegas viajas entre venas y vísceras. Cada miembro te roza con su propia lumínica coloración: hígado bermellón riñones blanquiazul verde vesícula: fisiología pura de mi vientre que angustiado te cubre.

Ciudad metálica: a través del satélite viaja tu imagen por el mundo: micrófonos lentes pasos voces que entre el humo se extravían: nos quieren contar tu muerte en tecnicolor.

Mirada intrauterina: reflejos en láser de tus miembros flotando en esa líquida morada que cauto te construyes a pesar de mí. El lente te deforma como la criatura que no habrás de ser, con esas cuencas que parecen vacías y la anchísima nariz de los primates. Pero en tus tercas piruetas de prestidigitador un rasgo humano asoma: tu pulgar cadencioso, mono mío.

Ciudad metálica: desmembrados los cuerpos en cenizas colgando se aproximan. Saltan y se retuercen sus lenguas se adelgazan en la queja sus dientes han de ser lo único que persevere entre las llamas.

¿Qué olor qué nombre qué gesto? Indago sobre ti, que creces en mí, inmisericorde. Ágil molusco microscópico anfibio delgado pez de pulmones frambuesa: del agua que te aloja has de salir cubierto de orgánico debris que otra agua de nuevo ha de lavar.

Ciudad metálica: es estigio tu río esta mañana su corriente entrega al mar la estadística que nos trae la muerte.

¿Qué será de los niños del estruendo los niños del incendio los niños de la máscara de oxígeno?

Contra el cielo violáceo sus figuras recortadas o rotas en el tiempo:

Huyen enfurecidos del instinto mortal que los circunda de la duda que ronda del hondo amanecer que los arroja en partículas densas sobre el aire

Rombos estrellas círculos: óvalos que se asientan donde fueron los labios ondas los ligamentos y un zigzag en el plexo

Perspectiva del hijo que se quiebra del hijo que no nace del nonato en ausencia

nueve las horas nueve el calendario
nueve meses y aún once los días

nueve llamadas nueve interferencias
nueve nubes con nueve esquirlas dentro

nueve ventanas nueve elevadores
nueve sombras saltando nueve pisos

nueve torsos sin brazos nueve piernas
nueve manos y nueve pares de ojos

nueve televisoras nueve radios
nueve trenes cerrados nueve noches

nueve kilos de escombros nueve nombres
nueve fotos de nueve que no asoman

nueve calles sin luz nueve sin agua
nueve vigilias nueve las plegarias

nueve de presión baja nueve grados
nueve gradas de angustia nueve veces

nueve litros de suero nueve camas
nueve hospitales y nueve enfermeras

nueve gotas de sangre nueve llantos
nueve temores nueve gritos dentro

nueve noches en vela nueve pruebas
nueve pesquisas y otras nueve esperas

nueve velos que se abren nueve astros
nueve presagios y nueve deseos

nueve veces te pienso nueve invento
nueve rostros y nueve alumbramientos

nueve palpitaciones nueve espasmos
nueve auroras te doy para que nazcas

Mis huesos tus huesos los huesos de los otros giran en gran cadena sobre el valle sobre el río que arrastra su crujido

Ronda de cracs y arena nuestros huesos dislocados flotando sumergidos

En el agua volátil de la pena cual quiñados marfiles ahora marchan la clavícula estoica el recio fémur melancólico el coxis y crispada la cadera derecha y su fractura

Y aquí estamos tú y yo de a dos fluyendo estremecidos mi silueta de arpa musitando el conteo de vértebras y dedos

Asciende la marea cineraria el osario de estrellas y la fiebre

Y luego estoy aquí, tendida en el sopor del sueño

Es blanca la cama de hospital   morena la enfermera que hace un rato colocó finos cables que de mi vientre viajan al monitor que preciso registra nuestro pulso

Dije nuestro a lo que es tuyo mío a lo que es de otros pero mío:

Esta ciudad irreal en su caos en el humo que arde desde el sur y en la brisa nocturna nos entrega su mortecino aliento su fulgor

Dos columnas tenía la ciudad matizadas de venas azules como éstas que recorren mis piernas

Las piernas de la ciudad eran dos torres su centro una colmena repleta de gente moviéndose como te mueves tú que nadas en mi río

Pero ellos nadan en la agonía de su suerte en fragmentos y esquirlas desplazados

De una torre a la otra de una cúspide ardiendo a la segunda: brilla el fuego interior de las múltiples voces de todas las naciones de lenguas extranjeras que en mi único cuerpo se confunden:

Ardiente magma inadvertido gólem que no del barro nace sino de las cenizas:

Se calcina la carne en la ciudad las abiertas ventanas al vacío inmolan o disparan gruesas formas que en la amplitud del aire son apenas oscurecidos dardos negras aves en picada hiriendo el pavimento

¿Cómo huele la piel cuando se incendia   qué se hace el cabello todo en flamas   cuánto pesan los cuerpos estrellados?

¿Quién habrá de sacarnos de la aflicción de la isla? ¿Cuándo hemos de volver a la tierra del moro la tierra del hebreo la tierra del hispano a la tierra africana? ¿Cómo cuándo por dónde navegar a esa tierra que fluye leche y miel?

Paciente como una letanía mi hijo aletea en el fondo de mí luego se escurre. Algo ensombrece la pantalla de manchas púrpura. Surgen como espirales en el close-up y tiemblo

Aquí todo es asfixia bebé lengua en pena bebé un cianótico gesto impidiendo. Arde la sed exenta de palabras exento de fluidos se nos agota el aire

Se evapora el agua de ese río   se transforma y trastorna   se hace sangre en la tierra el agua de ese río

El gran río que arrastra entre su oleaje metáforas de vida a esta hora arrastra sin embargo dislocadas falanges   vagos torsos   rasgadas pantorrillas que por su lecho avanzan

Légamo   tálamo   limo: ¿qué se hará dime entonces el polvo de la tierra adónde volverá?

*Si la sola palabra imaginada
al moldearte allá adentro va tejiendo
un cuerpo repetido y espectral
         una porción de ti
que soy también yo misma escribiendo
delineando tus ojos y tus labios
tus orejas tus manos y tu pelo
que anticipo y conozco por su olor*

*Si la sola palabra dibujada
con tu incipiente forma y con tus giros
repentinos y amables nos revela
tu imagen que es mi imagen y allá afuera
todo se convulsiona y aletarga
y el miedo nos atrapa y yo te cubro
te lleno de murmullos y te digo
silencio hijo silencio estoy aquí*

*Si al pronunciar tu nombre te asomaras
en medio del fluido y del espasmo
la extasiada placenta y el dolor
y te llamaras hoy aquí cristina
aquí daniel aquí hoy sebastián
ya intuido en el grito y en el tacto
la anestesia y la contracción*

*Si el cuerpo y la palabra fueran hoy
por fin uno mecido en mi regazo
oyendo en tu llorar la partitura
primordial y primera de mi voz
de tu voz que define en su gemido
un ritmo de angustia y de inquietud*

*El poema por fin se habría tramado
con la misma textura que tu piel
sería el verbo y la carne conjugados
sería el bulto y el verso:*

Habría luz

Ahora tú y yo juntos hemos de remontar el río de la muerte

Mi cuerpo dispuesto al sacrificio se tiende en esta ara de metal que es la camilla helada en su quietud pero ardiente en el fluir que recorre mis piernas

Agua agua que se desliza brota de mi interior y se derrama

Huele a materia humana al miasma mineral que ha de traerte aquí a mí dormido despierto

Tu cuerpo solo viaja nada empuja hacia el canal abierto de mi carne

Tu cabeza de pronto colocada

Respiro respiramos violencia en la ranura vertical luego la huida:

Huyes huyes de mis entrañas de sus crípticas vueltas que semejan una oscura ciudad amenazada

Apareces despuntas y desatas el oblicuo cordón de nuestro pacto

Hijo mío naciente el esperado al fin eres por fin habrás de ser las formas que intuí cuando anidabas

Y es tu pecho húmedo contra el mío la evidencia del erótico pulso de la sangre crecido en mí y recreado a mi imagen y aun mi semejanza

Un sosías de mí y también otro semejante al padre y a la madre semejante a la especie que repite el constante el dulce apareamiento

Etéreo cielo altas humaredas que en el día de hoy juntos celebran al anunciado infante ya nacido:

Apaciguado está un instante el caos y ya asoma en el cieno una flor y en los escombros la palabra cumplida el nuevo fruto la música ventrílocua y canora

Pez que en silencio encarna y se aposenta infinito y minúsculo milagro
río de cromosomas anudado por el azar el tiempo y la memoria:

Eres porque te sueño y te acaricio te imagino y moldeo y en ti nazco

Mariela Dreyfus

Nueva York, 11 de septiembre de 2005

MORIR ES UN ARTE

Hay algo denso en la poesía de Mariela Dreyfus. Algo que no se desintegra con el hueso. No viene de Vallejo aunque lo circunda de cerca, esos heraldos negros que invitan a cantar. Es una música oscura. Y es que aquí hay deseos que sucumben a los estratos del dolor y de la muerte ejerciendo su dominio hasta que el cuerpo ya no da más. El cuerpo es el predestinado al placer, que se afirma porque sí, por narciso, por amor, o por la sola aventura de juguetear frente a un espejo. Pero también aquel que se enseña al hijo que aprende a nombrar por los colores cada órgano. Y el órgano de Mariela Dreyfus es la voz, la música en sí del poema que se aferra a lo indomesticable, a lo indomeñable. Aunque ambos poemarios *Morir es un arte* y *Cuaderno músico*, abundan en relaciones familiares, hay un espectáculo que no se resigna a la entrega, es un espectáculo que señala la necrosis instalada en cierto lugar de la boca que es el lugar del decir y también del contar.

Se cuentan historias precisas bordeadas de un lenguaje extremadamente límpido, trabajado en ciertas sonoridades que acusan recibo de la letra o. Aunque algunas veces ese oh puede ser placentero, en la mayoría de los casos desenvuelve un agobio, ni presente ni ausente, sino latente, como al acecho, pasible de ser narcotizado por ciertas drogas o la necesaria evidencia de la representación. Entre necrosis y narcosis el sujeto se mueve entre mundos factibles, un huevo, una mosca, son sustantivos que pueden perder su sustancia. Pero cuando la muerte asume su pertenencia en los órganos, una madre muere. Allí parece que los dedos volaron en las teclas. Algo se despierta algo se levanta como una campana y se encabrita una revulsión que sigue siendo carne.

El no poder, o no haber podido ya no cuentan. Es más la clandestinidad del sentimiento que se admite sin vergüenza, la escenificación de conflictos que no se determinan por un estado de claridad. Hay un nudo en la poesía de Mariela Dreyfus que apenas se disimula, pero del que a la vez se participa. El lector queda deslumbrado por la intrepidez de este proceso que no cierra, que no deja de derramar una melodía que surge de una piel morena, o de un pezón, o de un lápiz que se aprieta más de la cuenta.

Lila Zemborain
Shelter Island, octubre 2014

i. m.
Bertha Vallejos de Dreyfus:
mamá

Dying
Is an art, like everything else.
I do it exceptionally well.
I do it so it feels like hell.

Sylvia Plath

I

MARINA

ésta es la danza con el mar
la eterna danza la macabra
espejo del atardecer
líquenes enredados a mi cuerpo
como un cordón umbilical
el mar me abre su vientre
me cobija sus olas son el amarillo
maternal esa caricia lejana
ya olvidada entre las olas
soy la niña del mar su criatura
de piernas recogidas y pulgar en el labio
el mar me lleva avanzo entre las rocas
lado a lado los ojos entreabiertos
a la izquierda el sol rojizo a la derecha
la medialuna pálida me observa cubre
mi negro omóplato en el mar
me copio y me recreo soy narcisa

Lied negra

(Sarah Kane)

Oye esta música
esta densa monótona canción de adentro
de la herida del fondo del alma
este ruido incesante
esta tumultuosa tonada del yo

Mi alegato se vierte como un soplido del viento
un sibilino murmullo recitado
que en inglés te repite o en español te inyecta
esta oscura cascada de palabras

yo estoy sola
yo no me amo
yo me odio

Pero aquí nadie entiende nadie puede acercar
el oído como un bálsamo a mis labios
nadie puede tocar esta ranura
esta grieta de hielo en el corazón

La soledad incita al odio
y a la vergüenza y a la obstinación
a la rabia que todo lo permea
me persigue y desborda
y cuando aun al fin sin los demás

despierto a las cuatro y cuarenta y ocho
      en punto de la mañana
cuando llego al vértice de la melancolía
y estoy cansada de gritar
de pedir que ya basta ya no más
la tensa cuerda de los miedos me circunda
me acaricia la nuca va ajustando
sola se anuda aprieta me levanta
y a mis pies no resta ya más nada
que esta viuda imposible intolerable
lied negra.

Marfil

en la ranura
sube y baja el cloroformo

al abrirse la boca arde el volcán:
una herida en plena encía
abierta y sangrante

la necrosis de un tejido
pequeño al comienzo
y ya malsano

la incisión tiñe de rojo los dientes
      (y aún arde)

tiende la cabeza hacia atrás
y ahoga el grito:

boca adentro el artífice
taladra el tiempo

su velludo antebrazo al agitarse
postula el tajo como una redención

Pareja

En el delirio de los cuerpos solos
        y marcados
por el azar el tiempo la memoria
en medio de la noche que guarece
al que en la almohada arroja su secreto
        y en las colchas dibuja
su íntima caricia su canción.

Tú y yo la piel dormida repitiendo
ese lenguaje de las altas horas
la distancia la forma conocida
del que ingresa en el otro lo penetra
y en mí misma y en ti mismo
nos vemos nos hallamos
cómplices en el grito y en la sed:
cuida el ardor la risa nuestro asombro
para cuando haya un hueco para cuando
la tristeza nos duela todavía.

Escena

Aquí, la mano que dirige soy yo.
Elijo el gesto   el movimiento
y lenta me aproximo
ajustando la voz (es un susurro)
midiendo el espacio de la toma
el ángulo escondido   el revelado.

También la luz importa:
media luz que nos deja
en la penumbra exacta del deseo
donde tú te me acercas (yo debajo)
donde tu vientre alcanza ya mi vientre mientras
tu lengua acaso (o son tus labios)
suave llega a mi centro   al nombre propio
que una vez le diste.

Sonidista atención:
el tono asciende.
Y también maquillaje:
el cuerpo exuda.

Exuda y se desnuda   es puro pliegue
pura carne enlazada a otra carne
epitalamio horizontal y tálamo
y sábanas revueltas y fluido.

Ya conoces mi onda de demiurga: lo que aquí
acontece es sólo mío, sólo tuyo y de a dos los dos
filmados. La membrana más fina   el celuloide
eternos nos conserven en la pose.

Aviso

Lo que mata a la bacteria puede también
matar al amor. Deja por eso ante la puerta
todo rastro de asepsia.

En un viaje volcánico tú y yo
la oscura piel perlada de sudor,
los pliegues que avizoran
un deseo acechante, adrenalino.

Tango y anguila nuestras lenguas
su timbre oral y húmedo,
el cosquilleo violeta en las papilas
parte a parte.

Los dedos se disgregan en la danza
y un hilo resbala en el corpiño:
es el roce del labio, relajado y pendiente
en cada entrega.

¿Y ese botón, el áspid del deseo,
aquel nudo que hacemos, tanta gracia?

A MEDIA TARDE

La eternidad se escribe en una servilleta
en la penumbra de un bar que huele a cerveza y orín:
pasa de mano en mano el papel manteca su áspera textura
recibe nuestras líneas nutricias como un río.

Semiótica del gesto: tú y yo rozándonos rodillas apretando
la pluma el dedo el diente: qué confesar aquí, bajo la mesa,
ante la grasa el humo y esa gracia que de pronto nos vuelve
ajenos al barullo y lo precario, soberanas mascotas
jugueteando guardando en cada ángulo del papel encerado
este secreto escupiendo palabras grito obsceno:
¿no se construye así el amor o sea el poema?

De materia inflamable el corazón que se enlaza en el otro
y juntos laten y posan para el cuadro ("Las dos Fridas")
y con las uñas rasgan con las yemas circulan
agitadas pulsiones.

Y ya no importa si tú y yo no hemos definido eso que
fluye, ciegos de otros de nosotros mismos furtivos devotos
de una tarde.

VOLADA

el humo
la voluta de humo
la espiral:
aspirada en la noche
madrugadas a solas
entonando la lírica
canción en la azotea
la risa retumba
en la cabeza
salta la liebre herida
el corazón
que de lado se agita
no quiero el blanco sol
la mentirosa sombra que castiga
el grillo que a la luz de la vela
semeja un dinosaurio
sólo el ritmo ralentí
de las cosas la crispación
de fuego en la cadera
la torsión del minuto
cuando huye
sólo la estrella miope
que nos guiña
el cielo indiferente
su leve resplandor
aquí adentro

La dama y el opio

(Elizabeth Siddal)

Atesora en el cuadro la belleza
que de mis ojos huye
y de alabastro pinta mis mejillas
consumidas y etéreas hasta el hueso.

En este mediodía frente al lienzo
mi palidez al sol niega y ofrece
la frágil consistencia de mi carne
y ese embeleso do la mente vaga
en zigzag aturdida
                      intoxicada
por negros remolinos que tu pincel demarca.

De furor contenido y de nostalgia
está hecha la imagen que seduce
al poseso de mí y al artista.

Sólo de fuego es la cabellera
roja como la sangre que en mis venas se mece
por la oscura sustancia adormilada.

En los brazos del láudano mi dolor es un ave
que del pico sostiene un niño muerto.

Lánguidos ojos posan la mirada
en la nota olvidada del laúd.

Sobrevuelan también otros objetos:
luce opaco el oro de Bizancio,
el terciopelo asoma, me das trajes
y un estanque en el fondo me hace Ofelia
núbil enamorada como yo
que me ahogo en la pose y en la tarde.

Es el último trazo de mi cuerpo
tu victoria que no atestiguaré.

II

El ojo

En la yema del huevo,
en su densa, amarilla insistencia
tendida en la sartén y cruda aún
una mancha marrón como un ojo
me mira y delata mi objetivo:
pronto habré de rozarla con el trinche
revolverla en aceite o escalfarla
y ese ojo embrionario de la vida
-de la gallina viuda de sus hijos-
perecerá ante mí achicharrado
plano el volumen y el deseo quieto
sin un solo piar, sin una mueca,
una canción de cuna que ya pruebo,
un tibio cuerpo que en silencio ingiero.

Sorber la vida

Para que no te mueras herido entre mis brazos
y pueda verte yo, andando el tiempo,
corretear y gritar acelerado.

Para verte crecer las uñas y los dientes
antes de que la muerte te devore el zapato
la infección recorriéndote la sangre
apenas ya nacido y en peligro.

¿Qué busco a qué renuncio qué le ofrezco
      a la vida y su oficio
si ahora estás aquí   gimiendo ahora
henchido de dolor   hinchado el ganglio
      y el bisturí se hunde
y te arranca la pus de un solo tajo
y en el cuello te abre otra boca?

Mi pecho te desnudo   este pezón
te doy la leche impura el botón negro
lame en mi piel la sal que cicatriza
con tu labio disuelve la amenaza.

De ti a mí el puente de lo vivo se adelanta.
Fluye un torrente suave, el suero que elimina
la bacteria.

Acógete a mi seno, niño mío:
esta noche dormimos enlazados.

Matar a una mosca

¿De dónde habrá venido, me pregunto, con su mínimo estar
con esa vida que de acuerdo a Gabriel (a sus manuales)
dura apenas un día o a lo sumo, una semana entera así girando,
sobrevolando ciega (o casi ciega) entre lo sucio, el humo,
ciertos trastos?

La miro y la maldigo: imposible cazarla a la volada.
Por ahora ella gana mientras pico cebollas y
tomates (jitomates) y sonríe tal vez ante la chance
del tiempo generoso que le otorgo de puro desidiosa
o es quizás mi mala puntería que la tiene rondándome
elástica y hedionda.

Martín que es avispado sugiere usar spray (santo remedio)
pero no tengo spray y no consigo entrar en lo moderno de
las cosas, la dinámica *handy*, todo listo, *ready-made* la comida,
el traje, el modo de matar a la mosca embelesada.

Mira el cuerpo humano

Martín, mira el cuerpo humano:
acércate y hojea estas láminas donde cada función
y cada órgano tiene su propio color.

Te compré este recuerdo en una plaza salmantina
cuando me hacías falta al otro lado del océano
y decidí recordar tu delicada piel bajo la cual
laten y se revuelven células y arterias.

Ven a ver el traslúcido esqueleto:
sus partes, las sales minerales, cada hueso
una esponja de calcio que se quiebra
pero vuelve a brotar, porque está viva.

Toca ahora los músculos naranja: los estriados
que te hacen saltar en el sofá
y los lisos que cubren estómago y pulmones.

Después abre la boca y llénate de aire la laringe.
Así podrás hablar, cantar, gritar,
en medio del camino acompañarte
el suavísimo acorde de tus cuerdas.

También podrás comer con esa boca, masticar
con los dientes, dejar que el alimento
se una a la saliva y empiece el químico surtido
entre lo que ha de expulsarse o permanecer.

La sangre es ese líquido rojo que sale del corazón
y a él vuelve. Si deja de fluir terminará
del todo nuestro cuento. O si el riñón añil
se obstruye, te invadirá entonces la cianosis.

Por eso hay que templar los nervios y seguir, con la punta
del dedo recorrer esa red de kilómetros en verde,
la médula como eje, el cerebro en sus dos hemisferios
controlando movimiento y oído, tacto, vista,
inteligencia y gesto, las palabras.

(Eso nos aleja del mono, gramáticos nos vuelve
sensibles a la luz y al sonido, al recorrido ciego
de la piel, a lo que toca y nombra con las manos,
acaricia o ahuyenta con los labios).

Para que nazca un niño es necesario. Así acaba la saga
invitando a continuar el rito de la especie, afirmando
que fue un acto de amor cualquier encuentro,
cualquier semilla fuerte en su elemento.

Ahora cierra el libro, los párpados, pequeño,
ingresa al centro de tu sueño y lento,
piensa tu forma, apréndete por dentro,
recorre juntos libertad y prisión.

Basta señora de las bellas imágenes

A Jorge

Te hablo de la muerte como una vieja herida.
Ésa que conocemos y ahuyentamos
que a diario nos visita y sobrevuela
nuestro lecho de amantes desvelados.

Amor: anoche –anoche justamente-
entornada la puerta intentamos atrapar el instante
tres minutos o diez entrelazados ajustados los dedos
ahuyentando a la dama de negro que aparece
en las caricaturas de la tele y en la prensa y se viste
de huracán o de hambre, de diaria cuchillada, de estallido
y leyendo noticias nos despierta y despierta a los niños
y nosotros, amor, ¿qué podremos hacer para que no se
asusten y sonrían aún y salgan correteando hasta el patio
pateando una pelota, llevando su lonchera calentita
a la escuela?

Y yo, amor, ¿qué podré hacer entonces para que
no se asusten sino retroceder, olvidar esa imagen
de mi cuerpo saltando
                abierta la ventana nueve pisos
y qué haré sino aferrarme, atarme a las patas de la mesa a la
olla en que hierven las patatas, a la hora del té o la medicina?

Y tú, amor, ¿qué harás sino tomarme despacio y susurrarme
y que sea tu sombra bella sombra la que entonces
me libre de malos pensamientos y me aleje
de la señora muerte nuevamente
sólo un instante aquí y sólo ahora?

III

and death shall have no dominion

Dylan Thomas

Vignette

al ras de la cuchara el polvo padre
la ceniza cremada de los muertos

inserción en la pira   hueso ardiendo
urna de porcelana   ángel quieto

reverbera la piel que roza el fuego
la llama que desdora el diente ajeno

¿qué fue del crisantemo en la ventana?
¿la retina encendida, el fresco aliento?

sosegón o paxil para el testigo
del tránsito del cuerpo a la memoria:

se retira el cortejo   sopla el viento
la pavana adormece el cementerio

Sangre roja vena azul

Las agujas penetran en la piel.
El cirujano enlaza la vena con la arteria
abre el canal donde la sangre viaja
y el riñón que salvaron —sólo ése-
se purifica entonces, se hace rito
oscila entre origen y extremaunción.

Murciélago moderno este instrumento.
Te succiona la sangre y va lavando
ese flujo vital que ya no es tuyo, como tampoco
es tuya en esta tarde, la voluntad, el calor
siquiera el sueño.

Se te lleva el aliento esa succión.
Se detiene la vida entre paredes.
La presión ya no cuenta cuando yaces
helada casi helada entre las mantas.

Si se yerra el conteo, si las gotas se apuran
o aletargan, el torrente que vuelve hacia tu cuerpo
atascarse podría en el camino, crear una barrera,
un mortal monte.

Acusado temor: infrafunción del pulso que conjuro
en este infralenguaje casi niño, casi mudo
mirándote dormir.

Romper las reglas digo, rebelarse.
En contra de la muerte y sus designios.
En contra de tu mal.

También pedir que el corazón
siga bombeando sus funciones
y del rojo al azul del azulado al púrpura
incólume te traiga otra vez.

Incólume y sonriente, mi columna,
la voz no de la riña, sí del canto.

No quiero hablar de la muerte que ronda

A Tenchy, Patricia y Gabriella

No quiero hablar de la muerte que ronda.
No quiero oír por teléfono sus signos
-un ojo que se hincha o la presión que asciende-
ni pensar en mortajas ni listones de negro
todos listos para la ceremonia del adiós.

No quiero aún pagar en cuotas semanales
el espacio propicio para un nicho
ni colocar la rosa roja o lila
en la laja pulida del jardín.

Prefiero honrar la vida a la memoria:
la curvatura el cuerpo amarillo y exhausto
de mis padres todavía sentados a la mesa
que me cuidan y guían sin dejarme
desnuda tan de pronto, abandonada.

(Hija mía, responde entonces avivando el seso:
¿quién habrá de atajar el transcurrir del tiempo?)

Ya no hay vaho

Los que hemos contemplado la muerte
también oímos su respiración:

Como un rugido de viento o quizás
como una rueda que se atasca en el molino o más aún
como una piedra seca ya sin lluvia:

Un silbido que sube y baja del esófago
una distancia que podría medir apenas diez centímetros
si fuese mamá –su cinta de modista– quien midiera.

Y también una tarde de domingo
la hemos visto rellenar el silencio
en un cuarto de hospital:

Qué plácida duerme María, por ejemplo,
hasta que de pronto el silbido se acorta o mejor
la marea cesa de agitarse en el pecho
y entonces mamá
saca de su cartera de cuero un espejito
y lo coloca bajo la nariz de la abuela
(bisabuela, en verdad, a los 95)
pero el pequeño espejo sigue igual:
falto ya de ese vaho que equivale
a la vida que es un respirar.

¿Y adónde irá después esa plegaria
de la niña que soy hincada de rodillas

pidiendo al Nazareno -atrapado en su cruz-
que el espejo se empañe una vez más
y la abuela despierte y regrese a contarnos
de un incómodo sueño que soñó
y de cómo anciana pero astuta fue a librarse
de una nube secreta y también negra como un ataúd?

Di tú

¿El shock séptico cómo? ¿Cómo la vena se expande y
estrangula, cómo el aire ralo de noviembre se enturbia y luego
viaja del gris al gris oscuro y llega al negro?

En esa oscuridad duerme tu vientre. Cianótico el latido se
aletarga, las funciones declinan, la enfermera sostiene unos
dedos prontamente de luto, alelados.

Mide tu cuerpo, fragmentos de tu cuerpo.
Fijarse en la nariz, si es que respiras. Tocar el borde de
tu brazo, donde el pulso. Acercarse al recodo aún tibio
de tu cuello, vigilar y cuidar.

¿Qué hora es?, pregunto. ¿Qué hora es?, insisto, y el minuto
martillea su presencia, luego cesa. Podría gritar y grito.
Podría hundir la cara entre las manos, la cara en el colchón.
La hundo.

Son las nueve y cincuenta y siete de la noche.
Del año dos mil siete. A tus setenta y siete.
Podría estrujar ese guarismo falsamente auspicioso,
falsamente perfecto. Podría pedir que te despiertes
setenta veces siete.

Malabares y ardid: enarbolado juego de palabras.
Por ahora me calma y articula, por ahora impide
el arañazo, el golpe seco del puño en la pared.

Así estoy contigo, una vez más, estoy contigo.
Me perdonas la angustia y el atrevimiento.
Me lo perdonas todo. *¿Di, mamá?*

Reina del corazón

Te fuiste por delante, como una reina.
Presidiendo el festín de los mortales que sin ti
arruinado queda.

Plisadas las arrugas, la seda brilla.
Mortaja se vuelve ese traje regalo de papá
que desolado tose.

Todos tosemos, ahogando el llanto.
Genéricos o finos los calmantes,
su forma de gragea nos consuela.

Tu altar está vacío al fondo del placard,
que en realidad es un clóset y debiera,
en preciso español, llamarse armario.
Vacío de tu peso y de tu sombra.

Olvido las plegarias. *El alivio que en estas circunstancias
nos brinda la santa religión.*
¿Será que a estas alturas me voy a poner a blasfemar?

Mejor pensar en ti, *mi corazona*, con esa frase tuya
sólo hallada en un hermoso verso vallejiano.

Pensar en tu *dulzura por dulzura*,
en tu dulce de leche, en tus duraznos.

Reina del corazón, pura ternura:
¿qué hacemos que vivimos en tu ausencia?

INSTANTÁNEA

¿Es eso ahora, mamá:
una fotografía colgada en la pared o de pie en la repisa
entre los libros?

La plana filigrana el gesto inmóvil
mamá que ya no puede sonreír (aunque sonríe)
que ya no tiene voz que no se oye
salvo por este ruido acá en el vientre
este nudo que es suyo esta obstrucción
mamá y su colapso en plena vena
un retorcerse suave un grito de dolor siempre discreto
siempre mamá callada sin quejarse
tan en su sitio aún tan solitaria
en la ambulancia el suero la emergencia
mamá y las toxinas los narcóticos
el innombrable opio la morfina
mamá adelgazando en dos semanas
delgadita y marrón entre las sábanas
su mirada que se abre que se cierra
y en la foto sonríe entristecida
ya mamá y sus ojos en el aire
con el gesto perdido con la mano
que me dice un abrazo y abrazadas despedidas las dos
acá en su cuarto mamá yo pequeñita y ella el ángel
eso es todo mamá y un flash que suena.

CUADERNO MÚSICO

I'll play it first and tell you what it is later

Miles Davis

After the first death, there is no other.

Dylan Thomas

POR EL CANAL del nacimiento asoma
un muerto la cabeza tendida ya no llora
no hay sangre que fluya hacia los pies
ni pies que marchen un lábil cuerpo
como un bulto los ojos apretados
ciego el futuro de este crío en las
aguas del Estigia ha dejado de
dar coces de mostrar ese gesto
de la filmina que lo volvía simiesco
pero atento como una *O* la boca
se entreabría era un llamado
que la madre podía interpretar
en cada prueba amniótica y feliz
la familia iba creciendo
prominente el ombligo
como un cuerpo que dentro
de otro cuerpo se gestaba
y de pronto esos dos corazones
que al ritmo del tambor de
la existencia oh se detienen
por una ranura se infiltra
el cero que intercepta los latidos
es una crónica roja un vértigo
azul el oxímoron mejor elaborado
el de la muerte viva el reino
de las sombras triunfando
en el instante en que debió brillar
la luz y yo no quiero hacer de esto
un epitafio ni recordar sobre el papel
en blanco la presencia de los heraldos
negros emisarios no voy a declarar
un ganador no es cierto que antes

de que la vida se expanda o desenrede
los dados han sido ya lanzados y nada
podrá abolir este azar de llevar de blanco
al niño el catafalco el olor de las flores
invadiendo un espacio donde debió correr
otra energía las moléculas que ahora
son mosquitos al pie del camposanto
oh cómo agrego con pericia el eufemismo
cómo apuesto por este breve minúsculo
episodio que en el reino de los vivos
nos coloca para danzar tal vez amar
o acaso pronunciar una palabra
una sola palabra que nos salve.

Mariela Dreyfus

UNA RUEDA, UN COLOR, UN PASO

(Carlos Oquendo de Amat)

Desde aquí el cromático azul
de nuestro lago es como el mar
mar encerrado mar inexistente
agua que refresca la planicie
la estepa sensible y la mental
sólo al atardecer el horizonte
descorre sus matices como
velos y puedo ver podemos
ver los niños un rojo resplandor
en medio el cielo el rosado serrano
y amarillos los rayos extinguidos
y aun verde la línea que divide
el seco ichu de mi húmedo deseo
de crear ronda de risas jardín o
casa de la infancia donde asomo
a jugar o me figuro encantador
de sierpes o palabras eléctrico
viajante operador de navíos de
luces y de estrellas. Del altiplano
al puerto la distancia es de leves
pisadas como besos una torre
nos quiebra el horizonte una quieta
turbina un trasatlántico listos para
grabar los artefactos el papel y la
piel y la memoria: la insensata
que gira como rueda como cuerda
que ata el hoy al siempre. La
recámara está llena de espejos
y sombras que avanzan al revés

adentro se proyecta la nostalgia
ternurosa y en diminutivo y se
muestra también la travesura el ojo
descentrado y el delirio el conteo
hacia atrás el contoneo de figuras
de voces y de gestos. El paisaje
real como el soñado abierto el
diafragma o la ventana el encuadre
que fija en primer plano la elíptica
metáfora y enlaza el disco de acetato
a la amapola fluye el silencio fluye
este montaje en el pálido écran de
mi cráneo. Y después despertar en
la platea desplegando los párpados
como alas engarzar el ensueño a la
rutina develar el engaño de los días
testigo afable cauto aventurero tú no
vives aquí donde yo vivo.

LAS NIÑAS QUE ASÍ JUEGAN

Dans le fond des bosquets où jasent les ruisseaux,
Vont épelant l'amour des craintives enfances
Et creusent le bois vert de jeunes arbrisseaux;

Charles Baudelaire

1.

si decido mirarme desnuda
en un espejo y al contemplarme
se me eriza la piel y una mano
suelta el espejo y sube –o baja–
llevando un hilo de fluido
de mi cuerpo de un poro a otro
poro de una colina a otra del muslo
al seno izquierdo donde airada
palpo mi redondez mi pezón dulce
y si entonces me inclino y acomodo
y la mano se extiende mide de atrás
para adelante mi abertura luego
viaja la mano nuevamente
y se posa en el labio en la nariz
huelo bebo mis propias secreciones
mi sabor y he gozado con mi cuerpo
de mujer siendo mujer en un acto
solitario en que yo soy lo más real
lo más imaginado y con eso
he ardido he jadeado y entornado
los ojos a la hora del placer:
¿es de una este juego o somos dos?

2.

sólo te digo que cada noche yo
miro el firmamento la constelación
de géminis que dicen son dos gemelos
pero yo te hablo aquí de dos hermanas
sus brillantes espaldas los senos en flor
brotando el vello púbico en las tardes
de cierta calentura y orfandad
y te digo confieso que las dos
se rozaban desnudas temerosas
como reconociendo en el espejo
la dimensión creciente y hormonal
desaforada incluso del deseo y el
miedo las arrullaba en esas tardes
en que cada pliegue iba adquiriendo
nombre forma o mejor una
textura incapaz de escribirse
apenas registrada por el sudor
que brotaba amarillo oliendo
a celofán a engrudo para pegar
todas las culpas evitando
un jadeo evidente suficiente
para que el aya bruja erotizada
les tocara la puerta de repente
y enojada muy fiera preguntase:
¿no saben que las niñas que así
juegan se van derechito al infierno?

3.

una delgada luz se filtra por el vano
vaho adentro nos envuelve en esa
nebulosa puedo tocarte puedo
olerte puedo soñar que te beso
labio partido dónde me acuesto
en qué lugar si tu deseo es mi
deseo duplicado y silencioso
mientras mido tus formas tu
mirada esas colinas curvas de
tus pechos tu vientre paridor
oblicuo el ombligo ya de tiempo
y tus nalgas su gravedad a tierra
todo desciende tu lozanía tu
aroma a mueble recio me cobija
con el mismo fulgor de una nodriza
y entonces bebo de tu leche pero
además en el recodo de tu cintura
dejo un collar de besos y en tus
caderas me deleito ay su elevación
me eriza vertical me lleva hacia tu
boca esa ranura donde el enigma
de la existencia es un gemido
tal vez algo viscoso debajo yo
en tu amor presa otra vez niña otra
vez hambre que no cese esta nube
este ardor que tus manos enlacen
mi cabellera húmeda de ti en tu
centro vértigo verte de nuevo así
oscura y entregada corriente mía

Gewalt ist der Geburtshelfer der Geschichte

Karl Marx

YO CRECÍ al compás de dos sonidos: los dedos de mi
padre golpeando las teclas de su vieja Underwood y
el golpe de su puño estrellándose en la mampara de
vidrio del salón. Digo que es prosa pero tiene ritmo digo
que es música que adormece este dolor antiguo pero
cierto clavado en la morada prima de la infancia con
una tinta indeleble incurable salvo cuando el dedo del
corazón aprieta el lapicero lo deforma y esto que
luego escupe este chorro puede brotar incluso bajo
un sol esplendoroso como este mediodía en un café
de Sevilla rodeada de la belleza de sus parques porque
nadie disfrazó mi infancia de belleza no hubo canción
ni dulce de leche en la alacena y el miedo de las noches
era un cuco real moreno y grande violento como toda
enfermedad. Y si entorno los ojos si los cierro para
escuchar mejor para perderme en ese laberinto que se
oculta tras la pulcra fachada de un hotel medieval
es para luego hurgar los círculos de la memoria sus
pisos sucios de alquitrán el humo que papá echaba
por las narices como un toro encerrado embestía en
él la bestia solía despertar a medianoche cuando
cansado de la jornada no aceptaba que nadie le alzara
la voz se levantara pero qué voz es esta mía que se
quiebra qué cristal empañado que no veo esta bruma
de espanto que me lleva al callejón oscuro del roce en
la espinilla en la espina dorsal el centro de la vida partido
en dos tal vez quebrado en mil pedazos mil letras sin
sentido agolpadas en este abecedario que recorro un
balbuceo de tristeza e insomnio y acaso resulte mejor
recomendable guardar el esqueleto en el armario evitar
que el recuerdo inquiete a nuestros muertos.

La palabra viaje

en esa leve heredad los abuelos disponían
la chaise longue al pie de la cama y yo
me arropaba junto a ellos su tibieza de
horno contra el invierno gris el abuelo
abría en la mesa su gran diario me hacía
leer editoriales llenos de palabras extrañas
que luego mirábamos en el larousse incluso
una vez preguntó qué era la bandera enhiesta
en fiestas patrias luego hubo otras cosas
enhiestas en mi vida por ejemplo el arma
con que alguien me apuntó en un toque de queda
pero abuelo hablaba de un cierto orgullo nacional
que también se hizo trizas como la taza de la
abuela con su leche de vaca y harta azúcar
para ese primer sorbo que era mío y fue mía
además la planta de la higuera donde en noches
sin luna se descolgaba un duende o el árbol
de pacae demasiado precario demasiado inquietante
era también la bisabuela esperándome en el cuarto
del fondo más allá del gran patio más allá de los
andes ella hablaba un dialecto hermoso ante mi
mal carácter decretaba ya no criar más cólera
como si ésta me brotase por dentro y había
que dejarla morir niña inconforme niña insatisfecha
apaga de una vez ese canal por donde viaja la ira
que habrá de devorarte que habrá de dirigirte cuando
escribas tan fuerte en la libreta que el dedo medio
quedará dislocado cuando inventes tu propia
semántica violenta cuando grabes la palabra desnuda
grave herida la palabra que marca tu destino en las
borras tempranas del café

Romero y buganvilias

A document in madness: thoughts and remembrance fitted.

Shakespeare, *Hamlet*

Tengo 17 años y estoy recluida en un sanatorio.
No queda en las montañas ni tampoco en un balneario
alemán. Esta clínica se clava en plena avenida de Lima.
Es invierno. La humedad tiñe los objetos de hollín. Pero
en la clínica todo es aséptico: la enfermera, las sábanas,
las charolas que cubren las verduras frescas. Ahora
no basta la curandera para librarme de la melancolía.
En su casa de Breña me sentaba en una silla y sobre
mi cabeza hacía girar un candelabro mientras repetía
entre dientes la plegaria. Está asustada, decíale a mamá.
Pero papá no cree en esas cosas es ansioso elige otro
método de sanación. Su cómplice es un médico moreno
y tullido el pelo brillante como un casco los ojos negros
fijos apenas parpadean. Cuando va de un lado a otro
detecto su cojera y una joroba le deforma la espalda.
Debería compadecerme de su fragilidad aunque intuyo
que esa indefensión lo vuelve sádico. Me mira me habla
me decreta una cura de sueño. De golpe me inyectan en
la vena me rellenan la boca de pastillas puño amargo.
Mamá mira distante sabe que en la familia la locura
se reproduce como un cáncer. Sabe también que
en el vientre de la abuela un tumor crece. Bulle la
desesperación ella concede. Sustituye la muerte
inminente de la madre por el sueño de la hija. En esta
metonimia seré yo la que yazga sobre el lecho como un
blanco ataúd por varios días. A lo mejor me traiga flores
buganvilias se incline a mis pies a rezar.

Psicodelia de las imágenes la sed es gris desierto un sol de cartón lila alumbrando a mi lado mi prima bella como una sulamita cintura de abedul y tez dorada me cuenta que pronto partirá a Jerusalén tiene como yo 17 años su huida también es un desierto rojo y pardo al otro lado del mar mi prima habla entre olas de arena con ese mismo cabello recogido lucirá en la última foto que nos mande desde el frente de guerra de pronto le brotan alas a mi prima es una figurilla de Chagall en ese cuarto ella es libre del padre y de la madre elige su destino vuela y ríe junto a mí.

Tengo 17 años transito en duermevela me observa
una enfermera petisa y jorobada. Es el complot de los
deformes, pienso, pero tengo la garganta seca no articulo
palabra. Tampoco sé si duermo o sueño o si sueño que duermo.
El ayer es un pozo blanco sobre un fondo blanco. Sólo
percibo cuerdas círculos poleas. Y la voz del muchacho
que modula ante mí su partitura. Me habla de bosques
túneles cadenas. Toda esa densidad de los que aman nos
aterra y aferra. Con uñas y con dientes con el hilo de sangre
de los pactos me uní a su cadencia transcurrimos en un
fondo de espejos su imagen era mía y viceversa nada
podía anticipar el fin ese cuchillo con que padre nos
abrió y perdí la voluntad perdí volumen sola sin flauta
y mi muchacho dulce que vuelve junto a mí. Lo esperé
tantas horas y ahora estoy aquí delante del amor y sin
poder besarlo. No tengo labios apenas dos líneas blancas
selladas por la deshidratación. Este cóctel de grageas
me embriaga como una sorda y certera molotov. Sólo lo
huelo lo siento lo adivino ya es tarde entre nosotros
no logro despertar.

Psicodelia de las imágenes con una cartuchera asoma el padre su rígido bigote hitleriano el paisaje es de lava brilla una sombra su propia sombra tras de él con padre el mejor sentimiento es el no dicho inescrutable sus dedos rozan el rodillo sobre papel platina escribe cadenas de sentencias largas como intestinos tinta negra hay una veladura en esta escena adónde van las letras del padre ese disparo que suena son las teclas o una descarga de balas nos alcanza mi amado y yo como globos desinflados caemos sobre el polvo somos polvo en manos del terror.

En el cerebro del melancólico las sinapsis no hacen las mismas conexiones se altera la química cerebral. En la neoplasia cervical la enfermedad avanza a un ritmo maníaco. Cortar tejidos malos extraer la piedra de la locura extirparla. Telas y telarañas todo hace el vacío las capas de sentido colapsan. Busco un regazo: el de la abuela cóncavo tantos niños crecidos en su vientre el de la madre como un horno tibio todavía segregando la hormona de la fecundidad. El tiempo podría abrirse hacia atrás y jugar las tres a las muñecas entrar una en la otra como en una matrioshka. Pero yo duermo aquí atada a unos cables que gotean un sedante amarillo. Pero la abuela duerme allá atada a unos cables que gotean una verde morfina. Mamá en medio guardiana de dos sueños tristísima estoica en pleno adiós.

*Psicodelia de las imágenes la madre ingresa lenta dejando
tenues huellas sobre la nieve su traje morado lleva en el pecho
un escapulario brilla la efigie de la crucifixión tensos los brazos
y las piernas inmóvil estoy yo la cabeza inclinada a la derecha
agujereadas las muñecas por el puntual suministro de pociones
porciones de mi cuerpo aletargado quiero decirle algo a mamá
pero la lengua es un pez fuera del agua pegado al paladar
el frío ártico y el árnica con que la madre alivia el dolor
crispada la voz cuando me habla entumecida mi voz no le
responde somos dos piedras sepia mudas frente a frente un hielo
milenario nos recubre en esta saga el pasmo brota de la maldad
premeditada de papá.*

Vuelvo a casa los hermanos me miran con recelo intento
abrocharme los jeans pero estoy hinchada me envuelvo
en una bata de flores. A la hora del almuerzo escarbo el
plato nada pruebo papá lee el periódico sin fijarse en mí.
Cuando abra la puerta de la calle alcanzaré el lecho de
la abuela oiré cómo respira transitando del sueño a
la muerte. En la morgue le besaré las mejillas aún tibias
le alisaré el pelo diré adiós. Vuelvo a casa los hermanos
me apartan con recelo intento ocultarme entre mis
libros me instalo en el silencio un día más. Tengo 17
años estoy viva llevo en el bolso unas hojas rayadas
nicotina sé que debo empezar a escribir.

Es roja y le digo Tania

Para Rossella la ciclista

en mi bicicleta vuelo hondo planeo el infinito
de una calle acerada la monto cual montara
un caballo a los quince sudorosos los belfos
y la grupa el vaivén de mi cuerpo en el asiento
me inclino hacia adelante me llevo por delante
cierta música el paso de la gente sus recados
los chicos que en la calle pulsan cuerdas una
guitarra alegre algún mendigo los perros
desatados y sin dueño en las veredas del barrio
se acumula la mugre las comadres conversan
de reojo me contemplan la espalda desnuda
el verano broncea mis omóplatos llevo apenas
una blusita mínima la brisa acaricia también
mis flacas piernas no temo las miradas en la bici
le doy al timbre sordo con ahínco pedaleo despacio
se agita el corazón me salta en el perímetro cinco
esquinas las salto a toda marcha enrumbo al mar
bajo el acantilado soberana en picada los frenos
apretados voy vertical al polvo a la hondonada
cuando llego a la arena un ruedo de pelícanos
me espera un trago en la casaca o en el casco
mis compinches los fósforos el ron armamos
la fogata frente al sol pero luego es la luna
que nos mira prendemos otros fuegos subversión
por el puro placer de rebelarnos los volantes
mosquito los insectos azules son de noche en la
orilla las rayas las palabras los cabellos de todos
guarecidos en la sombra los labios el oído mis
compinches y yo nos abrazamos bicicletas o fierros
retorcidos el bosque de metal es nuestra cueva después
trepamos la colina escupimos la ciudad para que arda

Mariela Dreyfus

Rapsodia para un parque amarillo

A Bruno, Dalmacia y Roy

he de volver al mismo parque siempre
chalina azul y zapatillas negras
en el bolsillo derecho algo de lumbre
en el izquierdo un hilario de grifa un
hilo que solapa aspiraré a buen recaudo
de la policía y a mi lado otro aliento otros pies
otros muchachos somos varios aquí en el mismo
parque el humo nos congrega y nos redime
de la tarde de niebla del silencio que brota
anémico en medio de las hojas lábil emocional
tengo mi tribu de solitarios que como yo llevan
un libro deshojado bajo el brazo una flauta
melodiosa unos acordes en mi saga hay siempre
algo de música algo triste pero ellos me escuchan
y a lo lejos un perro viene raudo
un pastor alemán que está jugando y hemos
lateado el parque un par de veces
dos pitadas seguidas boto el humo y en la
banca de verde esa mujer con su traje de
seda o muselina el periódico lee las noticias
una tarde cualquiera algo se enciende y es el
sol de las cinco y es un fuego que nos dora a
los tres o más bien quema una fábrica inmensa
y mientras tanto hacemos que bromeamos pero
en verdad quisiéramos igual que lucho hernández
otra cosa inyectarnos en contra de este miedo de
la vida que sola va y a veces también arde así
como esta tinta sobre líneas tan finas que dibujo
un pentagrama donde marcar el ritmo la cadencia
que me nace por dentro mis amigos me abrazan y
celebran mis bluyines y también mi sonrisa soy yo
la que paseo en esta tarde la que incendia praderas

vidrios rotos soy yo la que rasguea estas cuerdas
la que pide y se dice y contradice pero siempre
regresa al mismo parque con los ojos de lince y
los muchachos y el poema que da la media vuelta

Mariela Dreyfus

JE T'AIME YETI

asomas por una calle oscura
tantos rostros en medio tu
talle tu roja corbata alegre
morenísimo hermoso tus
pequeños dedos que entrelazas
con los míos y tu palabra gutural
la eterna sed de tu garganta
que despacio articula una llamada
me nombras con el lenguaje de tu tribu
y dentro de mí algo trepa tan simple
como una emoción una marea
a la altura de tus sueños en una cima
llamada anapurna te encontré todo
cubierto de un pelo suave hirsuto
tu acento pali y tu nombre que acomodo
en un anagrama Yo te amo Un millón
de semanas Yo te espero Un chorro
de caricias Te atesoro aquí Sobre mi
piel nostálgica de ti Un solitario hombre
de las nieves entregado a la música esos
sonidos que tú y yo juntos enunciamos
y miramos también el calendario las vidas
hacia atrás nuestro destino donde se abre
el libro de los tiempos y me ves en otras
latitudes con esa mi violencia que jamás
temes ni resistes más bien abrazas con la
ternura exaltada del valiente antes fuiste mi
esposo me confiesas y yo tu esposa fiel atada
a tu silencio y entonces yo rozo tu delgada
cintura bajo la camisa blanca impecable
como tu sonrisa y siento ese calor que traes
de tan lejos acumulado para mí para mi roce
y esta palma asciende a tu perfil oriental de

sacerdote de santo sensorial con tu sabiduría
abres los labios los pegas a los míos y por la
comisura ya despliegas tu lengua su punta
un fuego acelerado cual molusco y no puede
sonar mejor este chasqueo el beso que nos damos
nos asciende y en tu aliento mi soledad trasciende
nace el mito y tú fuiste en mi otra vida esa mitad
perdida como un bloque de hielo desprendido de
la más alta cumbre algo nos dividió y esa escisión
es una herida abierta que te busca y de lejos te
encuentra en esta calle en el grito que doy en la
ciudad un ósculo clavado en la alborada al árbol
del inicio esa raíz que nos fija a la tierra flota con
nosotros por el aire en la sima contigo me hundo
sufro sueño una torre te construyo una quimera

¿Quién hace brotar la lluvia?

(Pina Bausch)

ésta es una danza tú y yo
viajamos unidos como almejas
como percebes negros pegados
a la roca más grande más precaria
nuestra existencia sólo depende
del paso que daremos sobre esta
superficie aceitosa sólo la espalda
el plexo el sexo un vaho acuático
nos liga los brazos son aspas
los labios aspiran esta energía
que es tan intensa como velocidad
igual a espacio sobre tiempo y sobre
ti y sobre mí las horas fluyen y
el espacio se acorta porque yo
me enrosco a tu cintura o tú reposas
en mi pecho y luego te deslizas
hacia el vientre y allí mismo yo
hago un círculo te ato a mi regazo
y es negro el paisaje las aguas
se revuelven y en ese remolino
tú me despojas de mi traje yo
me despojo del pudor somos
dos anfibios recién nacidos
arrastrando una cola que de pronto
es un ala nos eleva y sobre el peñasco
un sonido gutural como de ave
un croar de cuervo herido te
identifica me define y llueve a grandes
baldazos con gran frío el agua
nos roza y acaricia acaso hierve pero
no importa ni tú ni yo nos dejamos

caer salvo en esta inocente pasión
inofensiva como cuando te cubro
los ojos y te digo sigue la línea que baja
por mi nuca detente en la fisura de las
primeras vértebras palpa la cinta que ata
mi corpiño y en uno dos o tres segundos
infinitos yo me daré la vuelta y he de
mostrarte mis senos el oscuro pezón
que te arrebata y entonces tal vez caiga
de nuevo lluvia y una música alegre hará
que el ritmo descienda hasta las piernas
yo haré un plié ajustándote a mi pelvis y
tú elevándote unos centímetros irás
acariciando mi hendidura pero no dejaremos
de avanzar sobre la pista como si un hilo
desde arriba nos moviera y entonces uno
podría preguntarse de dónde viene quién
es el demiurgo que hace brotar tanta agua
desde el firmamento mientras nosotros
continuamos croando y tu cuerpo y mi
cuerpo inventan de nuevo una pirueta
y esta vez desde el vértice del ojo veo
tu sombra que por detrás me acecha
con la soltura suficiente para trepar con
nuestros pies batracios hasta una cúspide
que luce como la bóveda celeste pero no
se ve más que las tibias hebras de tu cabello
de mi cabello boca abajo te salpico me alejo
apenas tres pulgadas tres minutos para danzar
frente a ti seducirte o saciarte mientras tú
tampoco abandonas el movimiento más bien
aplaudes cimbreas las caderas y en ese instante
tu torso ya desnudo siente mi abrazo y a esa
hora en que no sabemos si el sol está por irse
o volverá mañana o si acaso hay mañana en
esta historia donde yo quiero detenerme fijar
nuestra imagen de lapas adoradas nuestro deseo

Mariela Dreyfus

de andar así de a dos el mundo nunca tan cerca
ni tampoco tan lejos que se me encoja el corazón
de no encontrarte en ti he hallado el perfecto
acoplarse de los cuerpos la copla que te canto
cuando la llovizna se acelera y es esta cópula
nuestra única heráldica el escudo que nos libra
de todo tedio húmedos en el tiempo ardiente amor

LAS CARTAS con cintas atadas
vuelan palomas blancas
papeles donde escribí
mi loco deseo tu cuerpo
ausente la fiebre del roce
y de la entrega ciega arrobada
todo lo aposté a tu caricia
a tu oscura piel satinada
entre velos desnuda cubierta
en ti volaba en la cabeza iban
surgiendo líneas ésta es
me decía esta sensación
la que debo atrapar
como en un rollo una pianola
desbocada la yegua de ti fui
y entre telones una música tibia
acechante reverberaba en mis oídos
la melodía viajaba con el tiempo era
el minuto ganado entre tus brazos yo
entre tus piernas y ese lenguaje
musical me entretejía en la noche
espectral me conmovían tus belfos
amarillos tu reflejo ya no sabía si eso
que sonaba era de adentro o fuera
entre dos mundos te soñaba
y luego a ti volvía por ti me despedía
no siempre tuve entre los dedos
la vida pero así es lo creo lo
recuerdo o tal vez sólo el sueño
me encuentra recortada de ti
de tu existencia no siempre
el duelo es una cantata solemne
a tus claves me ato a tus cuerdas
armónicas y también disonantes
mi divino fantasma que se ha ido
y es apenas una humareda blanca
un negro punto en el centro
del pecho ahí donde la bala entró
la del amor y no ha salido.

Coney Island

> *and I am perpetually awaiting*
> *a rebirth of wonder*
>
> Lawrence Ferlinghetti

La tristeza es un velo que se enrosca
en el silencio como un esquife sobre
aguas turbulentas acaso tibias ciertas
olas recubren el dolor cuando es estío
igual tengo la piel tensa también negra
especialmente si mis pies se aferran a la
arena y estoy en mi elemento el rumor de
la especie limo y lima al borde en plena
orilla siempre por zancudas visitada. Lo
cierto es que el mar te muestra sin cesar
su laberinto aquel gran revolcón que te
devuelve obtusa sin saber cuál es el techo
cuál el suelo y el desorden se abre sopla
un viento plácido aunque a veces te corte
los ojos un cuchillo o el fuego te ronde al
encender palo de incienso palo santo. Están
alrededor los materiales el mosto el musgo
la moña la macoña los días terrenales revueltas
que se pasó de vueltas trotskista radical y hay
tantos modos de volver a la inquietud esos
santa-rímac-hudson de la infancia un domingo
de tarde cercada por la nostalgia el humo del
cigarro y el día se te va con una amiga y al
carrusel asoma el héroe perverso te sientas
a esperarlo los ojos asombrados resistiendo.

Círculo

te he marcado a fuego
como el hierro en el lomo
del ganado con la pasión y
te veo venir antes y después
del aguijón del beso de la occisa
la que engendra la muerte en
cada encuentro y te susurra frases
pero también te agujerea el pecho
abre su corazón y el tuyo frente
a frente si no latimos juntos ya no
es cierto este lugar tan íntimo este
reborde psíquico de nada es lento
el ritmo de la araña tiende sus hilos
del ámbito vital al gran veneno pero
cómo reclamas la ansiedad cómo
buscas palabras tan hondas como ella
su gran labilidad su ciego oficio pero
qué caramelo cuánta baba nos ha
ligado un tiempo tan preciso y te veo
venir acelerado la marca de mi eme
en la mejilla no dispares te digo aún
falta en el rodaje otra aventura dos
episodios y en el polvo un labial
dibujando rojo el fin

ESPACIO para el dolor su
prístina materia alucinada
las curvas con que lo esquivas
frente a frente riendo como a un
muñeco de vudú le clavas agujas
pero no muere el dolor del barro
vuelve a levantarse sus labios te
susurran aquí estoy entonces
no queda sino habitar con él
servirle el desayuno llevarlo
contigo en la cartera pegado a la
cadera que a ratos parece que se
abre pero vuelve a ti ese aguijón
físico a la izquierda más arriba
a la diestra y aunque es áspero
el dolor se te clava en el pecho
le crecen dedos garras afiladas
vas sumando dolores uno a uno
los atas en un haz les pones nombre
hay dolores antiguos como en rilke
aún no florecidos su roce es golpe
seco como una sed eterna temporal
que pasa vuelve y reposa también
horizontal así lo llevas a la cama le
cepillas los dientes al dolor siéntalo
en tus faldas dale un abrazo nada temas.

OTRA VUELTA mamá
su lírica cadencia su afán
como si el cuento aún no terminase
y el dolor fuese un hilo de seda rojo sangre
en el sueño me habita le reclamo
tercamente en silencio su silencio
que es como recorrer todo el parque central
en mangas de camisa en pleno invierno
no se usa la palabra orfandad a los cincuenta
pero ella era para quedarse todavía
en su tibio regazo con su voz
que de tanto querer se le quebraba.

Tarde en Granada

A Joëlle Guatelli-Tedeschi

Esto de aquí acontece en la cadera
pena que viaja del costado a la espalda
(baja espalda) arrastrando una pierna
à la Rimbaud llegar a esa colina donde
en las tardes brillantes se ve África. He
debido llegar a los 50 para huir de casa.
De nuevo *l'inconnu* me vuelve esquiva
de las cuentas de los hijos inmersa en
ese pozo donde al fondo de lo negro
arde el milagro. ¿A qué alude la calle de
Solera sino al sol sino a la sombra de este
día calcinado entre las piedras? Un perro
pasa a mi lado parece escapado de otro
tiempo un perro medieval que se recorta
ahoga su ladrido. Coger quizás la hoja
del romero y al borde de la acera
escuchar que una gitana le dice a otra
gitana: *El amor va y viene* y tras de sus
siluetas distinguir una aguda cadena de
montañas cubiertas de nubes o de nieve
(da igual).

¿De qué vale partir partirse el lomo
si ya el peso del ilíaco te pasma y
es un golpe de luz es un calambre
el instante en que agitas la mano y
adivinas en tus críos la mirada
que castiga tanto adiós? Ojo ajeno
del hijo que fue tuyo con olor a ternura

iba en tus brazos y ahora apenas camina
frente a ti sordo confuso sin mirarte
(esto es Varela). *Otra vez* dice una doña
cigarrillo en los labios yo discurro otra
nueva sacudida en las costas castigadas
del Japón una ciudad fantasma Fukushima
un rostro de mujer en primer plano en
medio del debris busca a su hijo. ¿Y yo
qué busco en esta callejuela que guarece
y sepulta tanta muerte diseño tan angosto
que si estiro los brazos rozo ambos extremos
sin esfuerzo? Y pensar que cada mano mía
debería tocar otras dos manos que esta
libertad me precipita empiezan a girar
todas las culpas y la historia me encuentra
cercada de cruces y de estacas juderías
selladas moros expulsados prestos cruzando
el mar para aparearse. Y sé que en mí están
todas las sangres (es Arguedas) y sé que
deambulo de una cita a otra cita de un verso
a la canción de cuna de la infancia y al voltear
una esquina de Granada veo el hierro forjado
de esa Lima cuadrada allí donde mi madre
me llevaba a la tienda de ortopedia del Dr. Scholl.

Necesito una compresa *j'ai besoin
d'une pillule* una curita para apretar
el corazón y el dolor no desborde algo
que me devuelva en la penumbra una
tarta sabor de chocolate bordes cremas
y en el centro brillando deliciosa la
zarzamora de la felicidad. *¿Qué tiene
mi reina mora?* Así decía mamá y la copla
seguía *que a veces canta que a veces llora*
y entonces es difícil avanzar arrastrando

el pie izquierdo reposar el cuerpo en una
curva mostrar una falencia en el meollo
de la espina dorsal. Saber que en este viaje
puedo perderlo todo cual Rimbaud el oro
y el moro la morada primera donde dos
pares de ojos ya me esperan donde dos pares
de alas vuelan ya frente a mí me sobrepasan.
Par delicatesse. J'ai perdu ma vie dice el poeta
y en esta tarde de afectos que se quiebran como
el cartílago el hueso al avanzar algo se extravía
en una calle por delicadeza.

EL VIENTRE de mamá es una casa
cerrada para mí en este tiempo
añejo de la muerte. Si en el sueño
descorro algún visillo a lo mejor
la veo el mismo vientre todavía
habitable esperando la vuelta
de sus críos en los cuatro crecida
atesorando su única señal de
identidad. *Llegas tarde* -me dice
revolviendo la olla- *te esperaba
a comer con los niños*. Y tal como
el conejo del cuento yo miro mi
reloj y me doy cuenta que esta
simetría es imposible: no le es dado
a mamá desde la ausencia convivir
con mis hijos ya crecidos y seguir
cocinando para ellos esos guisos
que huelen a comino enquistado
en el alma un viejo aroma incapaz
de volver.

¿Y yo entonces con qué cara
me asomo a la cocina aséptica
en New York y en un tris resuelvo
la merienda que a la madre solía
demorarle horas enteras? La veía
de lejos una Cucarachita Martina
tan trepada a sus ollas que temía
que ese guiso marrón de carapulcra
hirviendo como en olas bufando
se elevara por encima del borde
la tragara y entonces no quedase
ni merienda ni madre dadora de los
granos hacendosa gallina en peligro
de fuego o extinción.

¿Y qué comen mis niños qué les doy
con qué les alimento las neuronas
esa fibra de amor que los sustenta
flacos de piernas largas van los dos
con los ojos oscuros algo tristes
estirando los brazos por mimarme
y entretanto algo se les atasca
lo no dicho la manzana de Adán
sobresaltada y yo Eva desnuda
desprovista de cuchara de palo
el corazón caído en la neurosis?

A ver si más bien cambio de registro
si caliento la cena los arropo
mis polluelos siempre ávidos lo siento
por aquí hubo una falla entra el frío
hay algo de la madre un toque pío
una lección que no supe aprender.

ESTE ES EL MAL que te heredo de mano en mano
de corazón a corazón es tan cierto este pesar
y ahora lo siento frente a la mesa fría con la luz
del ordenador alumbrándome y quisiera
que este ordenador fuera un dios y desde aquí
te iluminara y protegiera de mi rabia que como
un río viaja se infiltra entre tu sangre te ata
a esa cama la cabeza inclinada en el regazo
un libro que no lees una cámara de fotos
que no disparas y sólo dices que no pasa nada
pero tu silencio es un golpe continuo en mi sien
porque conozco esa mirada perdida evidente
y quiero saber cuál es el precio para que vuelvas
en ti en lugar de mirarme como un muñeco
sin cuerda cuando te digo que debes crear
asomar a ese tinglado que tan bien conoces
y también impostas por eso me has mentido
año tras año diciendo todo está bien
y sin embargo te hace falta hasta el aire
siento que en cualquier momento podrías
languidecer tal vez morir pero qué otra cosa
te he dado yo sino la muerte sopa de letras
y lágrimas pensando que aludir a ciertos
poetas melancólicos te haría encontrar
la salida y ahora te veo como el pálido
retrato de kafka pero a ti no te importa
saber quién era kafka encerrado como
estás en tu propia colonia penal convertido
en un insecto en ese cuarto y un día de estos
abriré la puerta y te veré pegado al techo
a las paredes *creeping around* en una lengua
que ni siquiera es mía y a lo mejor tengas en
la cabeza una suerte de babel que tampoco
he logrado comprender y entonces en qué
idioma balbuceo mi cariño cuando cae la tarde
y pronto ha de llegar la enfermera que habita
en mis poemas o será un bombero de rojo un

policía de azul una de traje verde con una aguja
larga y acerada que te despierte o duerma porque
mi abrazo no ha sido suficiente y en realidad
me arrancaría los dedos del teclado renunciaría
a este oficio de construir palabras con mi cuerpo
para darte otro cuerpo antes de que se apague
la luz de la pantalla y anochezca.

Gladiolos y alhelí

Papá cree que sentado ante la tumba de mamá
ellos conversan. Le lleva flores despliega
su sillita le cuenta de sus días sin ella tendida
bajo tierra él la imagina idéntica como antes
no quiere ver el paso de las horas es insólito
el modo en que los vivos se ligan a sus muertos
papá cree que ella incluso puede oírlo y si cierra
los ojos así dice es como si escuchara un vientecillo
soplándole una frase yo creo que es más lógico pensar
que mamá le habla en sueños allí donde la ve de nuevo
en la elegancia de sus radiantes veinte la cintura aún
no transformada por los partos llevando alegre digna
el traje azul de brillos que luego colgaría en el armario
como recuerdo de algo muy preciado una noche feliz
de carnaval donde bailaron juntos toda una madrugada
y el tiempo fue redondo como el tango en ese baile
hablaron de lo eterno y ahora papá sabe que no hay
mejilla tibia la oquedad es un frío sentado allí
al borde de la losa riega las flores pliega su vieja
silla se santigua cuenta aún el plazo que le falta
para danzar con madre sin soltarla.

Dame tu traje lila

(Juan Parra del Riego)

estoy volando a veinte mil pies
de altura juan parra del riego
ingreso alcanzo a penetrar
y luego con el dedo en el mapa
he de bajar a la ciudad más
meridional del continente y
he de hundirme en tu historia
medir el ritmo de tus pasos en
invierno montevideo en la década
del veinte el momento exacto
de la enfermedad

yo también me arriesgo como
tú y al buscarte tal vez sólo
encuentre tu sombra o apenas
en aquel cementerio marino
una tumba rodeada de once
ficus como once cracks de fútbol

(quiero ver eso: la danza de los
ficus en el viento las rodillas de
los hombres rodeándote gradin
coronando el paisaje)

busco la belleza de los gestos
el tintineo del carnaval entre
tus versos el terutero y ese traje
que blanca luz vistió mañana

huyo de lo innombrable pero me he
trepado a este avión para encontrarte
y tú ¿de qué huías viajando de lima
a montevideo? ¿a qué sueño te diste
en qué consistió tu renuncia?
quiero amar las palabras que tú
amaste y con el cuello descubierto
el cuello en alto voy a respirar ese
mismo aire que hace años te perforó
los pulmones mientras besabas
a tu bella blanca luz le hacías el amor
como si el mal no existiera el contagio
no existiera la nada fuera una broma
de los portadores de malas noticias

yo también tuve un muchacho de piel
parecida a la mía de ojos grandes
y negros como los míos tierno
al besarme al morderme los labios
la saliva podía seguir fluyendo y
no temí el contacto de su sexo
desnudo junto a mí no llevé
un traje lila ni su voz me cantó
ni su palabra pero hasta el lecho
me trajo la más pura presencia
de su melancolía y fui entonces
la madre y fui la hija jugué

con mi muchacho a entreverarnos
respirando uno en el otro en ese
robo de las identidades en que
su cuerpo era mío y su aliento
se mezclaba con mi exhalación

entonces dime juan si tus huesos
ancianos pero hundidos en el
cementerio del buceo igual que
este avión se hunde entre las
nubes o el oxígeno se esfuma
dime si al acercarme a tus
huellas o cuando empiece
a toser en montevideo
perseguida por ese virus que
rodea la ciudad y viaja tanto
o más acelerado que su mar
dime si en el fondo no será
que me aproximo a la muerte

hace rato hemos cruzado
el centro de la tierra
y antes de girar a la
derecha o a la izquierda
una vez más volaré sobre
el techo de la patria pero tú
te fuiste de esa patria tus
huesos tampoco están ahí

alguien enciende una luz
como podría encender
un cigarrillo sólo que
fumar está prohibido
sólo que la luz encendida
es el fuego solar del
atardecer y veo en ese
intenso amarillo la forma
de tu vida radiante hasta
el delirio antes de que
ardieran tus pulmones
a los 30 años de edad

¿y si el fin de la vida no
fuese ese contagio de la
gripe sino la propia caída
del avión y éstas fueran
las últimas líneas para ti
parra del riego mientras
vuelo en tu busca y no sé
todavía lo que encuentre
aunque presiento?

todo huele a final en esta
tarde cuando el cielo
se oscurece pero brilla
extrañamente azul como la
luna que preside el horizonte
así como tu amada presidió
tus días y tus noches tus
moradas moribundas y
mortuorias

Mariela Dreyfus

y no sé no puedo ver quién se sienta
a mi lado quién tose o estornuda
quién irá a contagiarme o a salvarme
como a ti no pudieron pero ahí estás
en ese cementerio rodeado de los
ficus y en tus notas estás en la alegría
de tus ritmos polirritmos y en lo alto
yo veo esa dinámica celeste de tu vida
que fueron tantas vidas en sólo treinta
otoños de acelere y soledad

y quiero cerrar este cuaderno de
rayas negras en el aire pero aún no
consigo recordar tu melodía el
contrapunto celoso de tus líneas y
quiero decirte que ya llego acaso a
visitarte a ponerte unos geranios en
la tumba ahora que la noche ya llegó

tal vez sea que busco el
neumococo o un gesto de
ternura en el cielo uruguayo
como vos

alturas de sudamérica, 2 de agosto de 2009

Carrasca chisporroteo bongó

(Afro-Peruvian Sextet)

en el teclado yo

una nota un sonido un acelerado tuntún latiendo

ese ritmo es impulso prenatal el recuerdo de una armonía
que nos precede y arrebata

sobre el cuerpo se derrama suave el instrumento da paso
a otro instrumento hay un acorde un puro acuerdo esta
sensación me hace volver hacia atrás a la semilla

un genoma me conecta con esa música escuchada en
el vientre desde el vientre ese latido era el inicio del
materno corazón la cuerda que me ataba a otro cuerpo

y cuántas cuerdas suenan ahora cuánto aire en esta
ejecución acompasada antiguo eco adónde me conduce
hacia quién

¿desde cuándo ese ritmo me persigue hacia qué viaje con
esa vieja morena que me llama desde la foto familiar de
la pared?

la bisabuela era oscura como el ónix cumplía una diaria
faena o tal vez una danza donde las caderas se expandían
y el miedo se volvía fiesta escondida en el galpón

¿quién era el amo quién sostiene esa batuta que rasga el
silencio de la noche sin pausa sincopado respirar?

quijada de burro hueso humano que se une y se quiebra
casi un murmullo un raspar y raspar en el sembrío bajo

el árbol más grande y más antiguo cantó el ave volvió
el trino la cintura de nuevo abierta al son

y la blanca camisa del bajista como un écran contiene
toda esta conjunción que me suspende eterna en el
instante que no vuelve no vuelve no volverá a sonar

¿y si borro una letra una tecla si la repito o reescribo
cambia el mundo?

¿si encuentro la pauta melodiosa y absorta absorbo la
energía que se reparte de oído en oído?

mano: rompe retumba redescubre mano lo perdido

se agita el cuerpo hacia delante hacia atrás el cuerpo vivo
inmóvil en el espacio de una sola nota musical

¿qué zona entrañable nos toca el saxofón qué partitura al
margen de qué nostalgia que nos estalla el pecho la noche
la roja reverberación de cada rostro?

las cosas más bellas te las regalo amor te las entrego
envueltas en claves de iluminado azul pero esta magia
es un hada verde una luna amarilla que flota encima
del canal

en la última vibración del calzado algo se abrió y
fue la tierra y fue un ángel negro zapateando en
redondo llevando por halo un sombrero y alas
en el sitio de los pies

y ahora el timbre de la voz casi se apaga nos vamos
apagando

ya me voy

POEMAS APARTE

POEMA CRUEL

Lo que son las cosas:
yo soñando mi lecho rodeado de cien hombres
navegando o cabalgando al borde del abismo
que es mi cuerpo y tú girándome
persiguiendo mi olor a través de los parques
a pesar del musgo y las lloviznas.

(Inédito, 1980)

Dylan

Cuando el viento sople
en dirección inversa a mi pudor
los dedos de los relojes
destrozarán a la censura.

Y vendrás
 -musicólogo maldito-
a esconderte entre telarañas
musgo fino y olor a sal en un tiempo
donde el lecho se diluye
o cesan los latidos.

Entonces, nada quedará en el promontorio
sino el reflejo de las olas
ahogándose bajo nuestros espasmos.

(Versión previa publicada en la revista *Macho Cabrío* 0, Lima, 1980)

AL SUR

Neptuno cubierto
de una espuma salada y
amarilla en la rada él abría
las caderas el plexo sobre una tabla
de acrílico sorteaba el retumbar
de la marea descendía en la arena
se echaba junto a mí. Muchachas
más bellas desnudas peinaban la orilla
él y yo nos dábamos un beso
trago de saliva trago de ron
a las seis de la tarde el cuerpo
achicharrado por el sol.
Núbil torso aceituna
núbil lengua en estreno
y unos dedos que tocan
un compás.

(Inédito, 1980)

Objet trouvé

Espero volar alto con mis
brillantes ojos extraviados
el pulso acelerado deletreando
esa palabra sencilla y querida:
soledad. Mi cuerpo alcanza al fin
la bruma se eleva sobre bares
con gritos y muchachos el viento
va moldeando una forma un
bulto en el barranco ya nadie
lo recoge: el corazón.

(Inédito, 1982)

DIBUJO

(Egon Schiele)

en las curvas de este cuerpo trazamos
la avidez y el delirio

tendida
dejo que tus dedos al desliz me dibujen
un mapa un rostro un animal

erizadas siluetas que después
rozas besas y lames
cual líquida cadencia en la penumbra

(Inédito, 1984)

AVE LUZ

(César Moro)

mi lengua es una anguila

                    amor

una eléctrica zarza

                    su latido

arde en la noche de tu cuerpo

                    en el sol

negro y redondo de tus nalgas

                    vuela

(Inédito, 1984)

Cómic

A Patti Smith

Ese flaquito que viene caminando
al otro lado de la vereda
y lleva 1/4 de pollo en una de las manos
va al mercado / no trabaja / quiere ser pintor
y se para de golpe y me dice: hola, chiquilla
y además que en su casa hay un poco de yerba.

Este flaquito tiene sus paredes del segundo piso
llenas de árboles que ha pintado con crayolas
y en el rincón dos desnudos:
mujer de espaldas / mujer de perfil
y es difícil para él conseguir una mujer.

Y hace diez o doce años que este César
da vueltas y vueltas alrededor del barrio
atrapado entre su onda de volar o ser economista
y en sus cassettes resplandecen los Sex Pistols
y el brillo de los muslos plomos / vellos pardos
de la que está en el cuadro
es tan cierto como esta desnudez.

Píntame un cuadro, anda, píntate algo
capaz de detenerme envuelta en unos colores toscos
con mis pelos negros y esta risa y estos ojos
fumando intermitentemente en el cuarto del segundo piso
antes que la yerbita baje o la neurosis lo descomponga todo:
el tocacintas / la t. v. / o tu extraña potencia
encerrada en el maletín que ahora cierras

porque es la una y te esperan para hablar de negocios
ya no hay tiempo, ya vas por los treinta años y creo
parecerme a la del cuadro que tendrías que pintar.

(Publicado en separata de la revista *Lienzo* 8, Lima, 1988)

NI CUANDO AMO DEJO DE PENSAR

Ahora, en medio de mi edad
cuando en la piel no restan ya sorpresas
alzo mi pierna curva a la noche
la arrojo al viento y tú me la sostienes
la devuelves al mundo la besas:
un hilo cristalino que contemplo.
Pulsándome en silencio
soy una viola que descubre nuevos ritmos.

Atrapa también mi pensamiento:
que no huya otra vez,
déjalo descansar alrededor del lecho.

(Versión previa publicada en la revista *Estación com-partida*, Lima, 1990)

Construir, digo

(Joaquín Torres-García)

1.

Con los dedos en alto trazo
el asombro del mundo
acabado y continuo como un río

Ojos rasgados
entrelíneas de luz
surcando el tiempo

Creo un sol de cartón iluminando
la entraña del pez ciego
su silencio

Creo el arco de un puente que concilia
el vértice y la orilla, intersecciones
entre savia y gradiente, hueso y piedra

Arúspice furioso, viejo mago, sobre el ara de Oriente
voy hilando pictogramas en gris, signos y rayas
y doy con la armonía en pleno sur

2.

Inserción en el sueño, mar y vértigo
casa con dos ventanas una puerta y un alma
morada en la ciudad invisible y ajena como un monte

Minúsculo en su afán otea el hombre
con su estrella su escuadra su martillo
infinito y cerrado en su elemento

Minúscula en su afán la mujer mora
con su luna su copa su guitarra
infinita y cerrada en su elemento

Una divina fórmula los guarda
los anima engarza su equilibrio
la desnuda medida de sus cuerpos:

Raíz de cinco y siempre cinco puntas
milenaria ecuación proporcionando
el pecho al corazón el ojo al labio

3.

De lo inefable me sustento, de lo oculto
persigo un resplandor una sombra que ronda
hundida en la memoria como un ancla

Así en el acertijo voy hallando la pura coherencia
el otro lado, instalado en el riesgo y el delirio
con mi mapa invertido y mi sextante

Tanta claves y señas rescatadas, tanto críptico símbolo
que alumbra: en el centro de todo está este ojo,
este terco arquitecto que maquina

Encuéntrame en el plano y en la cifra, a la hora
que marca mi reloj, salta en mi mundo, lanza la moneda
si no asoma la cara será cruz.

(Inédito, 2007)

MUERTE POR AGUA

Pétalos sobre el mar, hermano mío,
para rodear tu cuerpo y trasladarlo
del filo de la roca al horizonte.

Delfines saltan y en tu pecho
es el corte la causa   la hendidura
donde el tallo florece y ya la sangre
alimenta la rosa no nacida.

(Inédito, 2008)

Cesa el cantor

En lo alto del camión la luna hiere
el paisaje rocoso y la memoria.

La quebrada recoge el silabeo
del wifala, la fiesta estremecida.

Una curva cerrada y se dispersan
las esquirlas del torso en el abismo.

Alelíes, gladiolos, nomeolvides:
nuevo osario los nutre y contamina.

Se alitera en el aire la corriente
de los nombres mentidos de la muerte.

(Publicado en la revista literaria en línea *La comunidad que viene* 2, Barcelona-Buenos Aires, 2009)

YET ONCE AGAIN

Escritas sobre papel como finas
hormigas las corcheas dedos de
seda para rozar el marfil sus dos
teclas la sensación táctil exacerbada
hasta el delirio y en tanto copio el
instrumento suena y otra vez admiro
el estilo de madre cuando ensaya
un adagio primero luego un allegretto
cada tarde de abril y nada tiene mayor
efecto de caricia entonces *Arrête toi*
depêche toi lejos de los círculos de la
melancolía en terciopelo azul siempre
evocas el mismo sentimiento pero
recuerda el tiempo es un enano lo aprietas
de la mano así hace un stop y retrocede.

(Inédito, 2015)

A LOS HIJOS no se los comen las polillas.
Desde chicos los cuidas los bañas los
aliñas. Procuras que el aire fresco bese
sus mejillas y una amplia camisa les
asegura la libre circulación de la
sangre. No se acumulan los hijos
unos sobre otros. Cada uno tiene su
espacio por lo menos su cama su silla
propia en la mesa. Cuando abres la
puerta de casa te recibe el librero
atestado. En cambio en el sofá
está tu hijo respirando campante
escuchando una canción en su
auricular. Le pasas la mano sobre
el cabello pero a veces no tienes
tiempo de repasar los libros con
un trapo. Igual los libros guardan
para ti secretos que los hijos casi
nunca revelan. Cuando llegues a
vieja, ¿cuál de ellos será tu mejor
consuelo?

(Inédito, 2015)

Luz tenue viento ártico

(Poema congelado)

¿a qué circulas
       con este frío que lacera
tus piernas y las va
       devorando imperceptible
como la bacteria
       que se alimenta de la carne?
en la boca
       del metro en los cristales
el hocico
       del viento se te incrusta
debajo de la piel
       un roedor sin nombre más
gris y más artero
       que las ratas ingresa
en el ombligo
       en dos te parte
hibernal dolor
       de hielo azul en las costillas
se comprime
       la forma estalactita piedra
donde florecen
       la humedad y sus hongos
del pulmón
       a los dedos se te contagia
en todo lo que
       tocas el espasmo y dentro
del vagón
       en los audífonos
suavemente
       suena una sonatina

te encierras
                    a escuchar a scriabin
giras el dial
                    un guante se desliza
en el intento
                    la rigidez del músculo
la música fluyente
                    ¿y qué tal si cambias
de estación
                    y adiós inverno?

(Publicado en la revista literaria *Los Bárbaros* # 4, Nueva York, mayo 2015)

Mariela Dreyfus

LA EDAD LIGERA
[Libro en proceso]

(Los poemas 1-9, 11 y 13, fueron incluidos en el libro *La Kloakada. Neo-vanguardia latinoamericana de los 80,* publicado en 2015).

todo lo mudará la edad ligera,
por no hacer mudanza en su costumbre.

Garcilaso de la Vega

1.

El lugar del amor es el lugar del dolor
la forma que va encontrando para expresarse
uno contiene al otro lo desborda. Repaso
los íntimos canceles los rincones donde
la intensidad se acumula como el polvo y
la caricia mezclada con la culpa pesa más
que un puño de metal cada gris tarde. Ácida
naranjita agudo sabor de fruta que macera
en la lengua de cada comensal. Yo tenía 15
años yo tenía 17. Estaba por acabar la
secundaria era septiembre. Con el rabillo
del ojo miré otra vez hacia la esquina
opuesta de la calle en ese pasaje tan angosto
que parecía una quinta. Los muchachos de la
banda pelos largos encendieron un pitillo
lo cogieron con la punta de los dedos luego
haciendo con los labios una *O* echaron el humo
hacia arriba comenzaron a reírse un montón.
Ágiles como gatos los muchachos de la banda
trepados en el muro de una casa alineados así:

2.

Siena fulgor de los atardeceres nublados
siempre urgente con su ropa estridente
chillones los turquesas el lila las caderas
los labios amplios y carnosos también.
Siena-boca-de-marimba la había nombrado
Roy en un poema. Siena se levanta tarde se
para frente al espejo apenas abre los ojos
chinos de la risa de la yerba su carcajada
hiere los cristales retumba luego en el oído
izquierdo de Gonzalo el único que oye Siena
mete sus grandes pies en sandalias de tacón
alto las uñas nácar duras como su vientre son
de color fuego rojo cereza fucsia ultravioleta
antes de los conciertos de la banda con los
muchachos del Rímac río abajo Siena los dedos
apretados decenas de volantes piernas con
vellos negros detrás del pantyhose un barullo
se forma alrededor de Siena cuando llega dos
libros bajo el brazo consignas comunistas
estrellas coloradas para Siena en su mejilla
el rostro de Marx en clave punk un gesto
anunciando la asonada que se trama en los
portales de la Plaza San Martín.

3.

Gonzalo la figura cuadrada el pelo hirsuto
la oreja pegada al hombro recibiendo las
frases de los otros a medio percibir cuando
escucha interesa su campo visual más que
auditivo lee labios ajenos se apresta a caer
a levantarse según la marea del alcohol
una granada le voló un oído en una marcha
su corazón late al lado izquierdo de la vida
pero su vida es un cuento tenebroso Gonzalo
genitor desconocido padre ausente modales
fuera de orden mantel blanco alguien le
esconde la máquina de escribir pretende
latiguearlo si traza sus líneas en trozos de
cartón Gonzalo consume cuatro tolas podría
llevar al cinto una pistola Gonzalo estudiante
sanmarquino igual a Siena solo escribe poemas
largos y finos como sábanas de seda Gonzalo se
acuesta amanece con muchachas que aman la
poesía seductor de la noche talento natural cuida
su entorno en el páramo ha visto volar gacelas
pastar perros que aquieta con sus versos densos
como la sangre a punto de estallar entre los arcos.

4.

La lengua de David no tiene bordes oscura
sesea como sierpe escupe verdades venidas
de un mundo alucinante David repta en el
tiempo ama las sagas nórdicas se imagina
viajero entre los bosques su madre cultiva
aquellos sueños nacida en la frontera canta
tonadas melodiosas y cambia de registro
minha criança le dice a David lo cría envuelto
en su marsupio él se guarece del miedo tras
los cristales verdes de sus lentes también
arrasa bibliotecas se lleva a casa inmensos
incunables pero además saquea las tiendas de
anticuario los pantalones de ancha botamanga
acumulan el polvo recogido en los rincones
más sucios de la urbe cuando nos abre la puerta
al fondo del pasillo David nos abre también los
brazos botellas de licor juntos cantamos los Beatles
suenan a corifeo griego con su grito David dice que
el mundo gira como idiota hace ya veinte siglos quiere
escaparse al diablo mientras tanto pergeña dibujitos
vislumbra unos haces de luz.

5.

Alberto avanza sobre el pasto que es un prado
siempre verde bajo sus pies ligeros como un
ballet de Satie de su morral saca una flauta que
en su metal contiene canciones suaves cual inyección
narcótica un adormecimiento del dolor Alberto
su voz tan tenue que se la lleva el viento mueve los
dedos como espadas griferas luego hunde de nuevo
 la mano en el morral guarda la música saca un libro
de tapas amarillas lee pasajes que anticipan una
liberación para este cuerpo que nos pesa este
cuerpo que nos duele rodeado de otros cuerpos que
a tan pocos centímetros caen acribillados se difuminan
en el paisaje urbano rodeado de disparos que huelen
a kerosén en plena plaza y Alberto nos transporta
apenas de la mano con su cálido aliento de aguardiente
con sus citas que apenas son recuerdos de la mazmorra
en Córdoba años de poner bombas en la pampa Alberto
como salido de un lago milenario ahora avanza por la
ciudad adusta pero igual teje sueños y también pulseritas
de colores para todas las hembras que se liga o si se ofrece
de noche toca los blancos senos de la mujer que apareció
en el bar y Alberto bellamente cetrino como teclas de
ébano los labios sobre el vientre de esa novia que lo besa
lo eleva por los aires los dos flotan rellenos de amor
nórdico para el frío limeño ella le compra copas de pisco
Alberto es transparente su corazón no miente brilla entre
las vértebras como un retrato ultramoderno de Jesús
Alberto dientes que morderían el talón de una reina
nos enseña a orar al nuevo padre a declarar la nueva
nunca descubierta libertad.

6.

El modo en que los ojos de Pomar eran la
vía para entrar al color y la forma el paisaje
oscureciéndose hasta llegar a la hora violeta
ante el malecón después de haber descendido
las cuatrocientas gradas que llevan a la orilla
de las playas cercanas de la infancia usar una
casaca pararse frente al viento fumar un cigarrillo
ignoro por qué asocio esos momentos a una sola
botella de cerveza al menudeo el caramelo el
fósforo la vida desmenuzada como la arena
gris con los cangrejos muertos la espuma parda
cual baba de epiléptico un ataque nervioso casi
en trance algo divino y el mar cuando se acerca
helado en el invierno pero Pomar no pinta barcos
le gusta más bien encallar en los bares del centro
hasta allí llegarán las aguas marinas si se cumple
el maremoto anunciado en las profecías de Santa
Rosa su casa convento con el pozo de los deseos
la Beatita de Humay cuidándote en la carretera
los viajes a la sierra la montaña abriéndose verde
de todos los matices en la cabina del camión entre
paquetes de fruta y animales Pomar en sus cuadros
prefiere la ciudad los edificios el teatro Colón los
conventillos de zaguanes en ruinas las mujeres de
Pomar usan zapatos apretados vestidos de colores
vadean la noche ofreciendo su cuerpo a los paseantes.

7.

Roy empieza a loquearse con los seis siempre
buscando alianzas sorpresivas un sitio que
nos guarezca a todos un empíreo de palabras
y sonidos rebotando de los acordes de su
guitarra eléctrica al cielorraso de la habitación
o retumbando al interior del auto en el garaje
donde nos esconde luego de recogernos de la
esquina para leernos versos terribles como
ángeles y luego sale la tía anciana a espiarnos
nos toca la puerta que lleva al resto de la casa
invadida de nuestros ritmos tensos filamentos
de una locura que se desborda por las teclas del
piano de Lennon o de Mingus oímos la estridencia
vamos también leyendo en pleno a Artaud cuando
la vieja tía en bata de florones nos exige silencio
pero ya somos siete conmigo acomodados tres
adelante cuatro atrás sobre el tapiz rojo del
Taunus Siena David Gonzalo Pomar Alberto
Roy y yo hemos firmado un pacto nos amamos.

8.

Callejuelas de Lince zanjón
intransitable el eco de las cuerdas
del bajo en una canción de Jethro
Tull un domingo en la tarde con los
amigos de pelo largo que tiran
dedo viajan a la selva a beber
ayahuasca así la psicodelia ejerce
su dominio amplía el campo de la
percepción las fijas formas son otras
una mata de pasto sobre el parabrisas
de un auto abre sus finas patas verdes
como una araña de siete anillos un
colibrí o cobra de papel la imagen
la moldeas como quien ensaya un
solo de baquetas algo retumba en
la música nueva que repites trepada
en la azotea cuando el sol brilla tenue
sobre el cordel de las toallas blancas
percudidas por el hastío en el estío
las nubes gordas los amigos rasguean
la guitarra panaderos amasan huele a
yema el pan recién horneado de sus dedos.

9.

Cuánto tiempo con el vientre vacío la valiente
combinación de alcohol y humo los jóvenes tejidos
del estómago recibiendo el ardor del aguardiente
las sales minerales seca la lengua seco el esternón
afán de consumir hasta el delirio la sustancia que
ocasiona cierta presión ocular los ojos rojos típicos
del yonqui sonriendo por la berma central a cualquier
hora desempleo incipiente las raídas rodillas del bluyín
los nudillos rascando ya la puerta del garaje quién nos
abre quién separa las aguas entre el modo de producción
burgués que negamos y este armar de la nada un nudo
de palabras toscas y apretadas sobre el lienzo algunos
signos en carboncillo en témpera azulina uno a uno
entramos en la cueva del automóvil Taunus sacamos
los papeles ávidos por aullar nuestro mejor poema
rasgar las cuerdas de la guitarra acústica del Roy
todo tan puramente ingenuo soñar con la fuerza
de un acorde o de un verso para cambiar el mundo
transformar los metales pesados de los puentes en
ligeras canciones colombinas listos para gritar con
Ginsberg *Moloch! Moloch! Nightmare of Moloch!*
o escuchar a David cuando susurra *La enfermedad
se llama locura* y su mirada gira blanca no hay iris
David en vuelo leyendo sus folios con letras de
molde retorcidas a su lado yo desde el asiento
posterior le pido un bocinazo para estos versos de
Moro que dicen *Es inútil tu fuerza para ahuyentarme,
tu rabia es menos fuerte que mi amor* y mis cabellos
negros de cera refulgentes se llenan del humo que
Gonzalo y el Roy aspiran al unísono como Rómulo
y Remo nada fundan apenas succionan del aire de
la vida la morfina.

10.

Repisa del repostero rigor mortis de
tanta medicina tropical valeriana raíz
molida del guaraná lechuga y manzana
hervidas para templar los nervios y en
la lengua bajo la lengua una farmacopea
delirante lexotán ativán adónde partió el
ángel de la guarda te preguntas cuando
despliegas esas hojitas de letras mínimas
con la posología de las pepas te las tragas
una a una o tal vez en un puño sus colores
rosado o amarillo te adormecen la tristeza
el cuello rígido de pronto la cabeza gira sin
control a qué mezclaste fármacos y yerba
fármacos y alcohol a qué abriste tu corazón
a la música de las bajas esferas de tu calle
donde no hay celeste y un mal trip de sábado
te ata detrás de la ventana te vigilan un vaso
de leche un baño de agua fría la enfermera
guarda las dosis en una gaveta de metal bajo
tres llaves bajo la luna pálida recuperas el tacto
los sentidos has vuelto de ese viaje otros te esperan
guárdate de la sombra de tus muertos guárdate de
la muerte acompasando.

11.

En medio de la niebla Pomar y yo recorremos
la avenida Manco Cápac volteamos a la
izquierda al hotel Lima a tocarle la puerta
a Humareda el pintor con su bata azul marino
repleta de manchones de tantos colores como
estridentes pecas naranja-marrón-rosa serrano
Humareda una tarde de niño apostado ante
un arco de fútbol en la escuela altiplánica
de Lampa la pelota viene de golpe pero él
prefiere contemplar esa otra pelota del sol
en el crepúsculo queda fatal con su equipo mas
en ese momento decide apostarlo todo al matiz
al brillo del óleo sobre el lienzo Humareda toma
su caballete monta a caballo bordea el Titicaca
luego trotando baja hasta Arequipa el sombrero
bombín la bombilla del seso ya encendida ardiente
su paleta sigue rumbo a Lima contando los centavos
se inscribe en Bellas Artes no le da el presupuesto
se instala finalmente en ese lánguido hotel demarca
su existencia con putas y maleantes escucha sus
gemidos las broncas madrugadas de ron Humareda
se tapa los oídos se pierde en su propia melodía en
esa victrola que dibuja en ese cuadro donde también
aparece su musa caderona Marilyn así deja de oír
el horror del sexo negociado en billetes sucios como
la sangre que brota de las sienes que estallan en la
noche Humareda.

12.

Retorno al viejo germen la semilla la música
en la casa familiar el bordoneo de la guitarra
y en la olla de leña guisándose el corazón
de una res ajo tan sabroso aderezado perejil
estornudo a causa de la pimienta negra un
animal devorando a otro animal las plumas
del gallo brillan por última vez se hierve
agua para hundir en el balde la cabeza
adivinar el matiz de sus plumas un verde
entre petróleo y esmeralda en el crepúsculo
luego asomaba una luna redonda vertical
sobre el patio de tierra al centro un árbol
lleno de adornos de papel rechinantes
colores frente a las hojas maduras del verano
los hombres bailan las mujeres en ronda
alrededor de un árbol al compás del aguardiente
hay un hacha en medio de la fiesta pasa de mano
en mano un mayordomo dirige el ritual del corte
en la corteza quebrarlo todo renacer el día oscuro
se llena de inusitada claridad el polvo se levanta
al zapateo el talón pegado a la tierra un vasto
movimiento ondulante genera excitación al repicar
sobre el madero entonaciones en el roce unidos
celebramos preñada está la yunza y cierta luz.

13.

Padre Rimbaud Madre Sylvia Plath y la cola
del vestido de novia negro y alto como una
ventana catedral la lleva en parsimonia
Dostoyevski cualquier escena de la literatura
rusa podría representarse en la gris Lima cualquier
agudo sonido que viniera del rock podría tocarse en
una pista el tocadiscos girando el acetato con la etiqueta
en rojo o amarillo justo al medio y las notas apretadas
del violín le brindan una cierta solemnidad al momento
en que buscas voces imágenes de otros para sentirte
acompañada recorriendo las calles de París como la Maga
y aunque estaba de moda esa heroína tan distraída que deja
morir a su hijo te parece lo mismo apasionante el modo
en que la ama Oliveira el poeta balanceándose sobre una
cornisa a punto de caer pero el equilibrio no es algo
que se pierda se traslada a la página en blanco y entonces
escribes el poema como si cabalgases el teclado como si
la pianola que tocaba las polonesas de Chopin volviese a
escucharse en el salón y el mundo empieza a vaciarse
a tu alrededor cuando descubres las pinturas de Max
Ernst cuando contemplas objetos que de por sí entran
rotos a la composición un rostro que se quiebra un gran
vidrio hecho astillas asumes que la poesía es como un
revólver que podrías disparar luego seguir tu camino no
sin antes resoplar con cuidado en la boca acerada del cañón.

14.

La muerte se posó en la copa de un
árbol en lo alto del árbol cantó sus
flacas ramas roídas por la estación
del frío el pájaro agorero paca-paca
no dejó de croar pese a la lluvia los
cadáveres se fueron apilando sus
labios ya resecos besaron el fondo
de la tierra la fosa al destaparse olía
como la carne que largo tiempo se
pudre las fotos viajaron del campo
a la ciudad en los kioscos David
ojea las imágenes dedos manchados
de tinta algo de cirujano en la mirada
dirimiendo la hora del deceso la
posición del cuerpo de cúbito dorsal
de cúbito ventral entra la muerte en
nuestras vidas asomamos del colectivo
al bar garabateamos papeles en contra
de los cuerpos escindidos los cuerpos
chamuscados las palabras deben tener
olor a pólvora efluvios de formol deben
llevar algo de sangre entre los bordes
las palabras gotean en la autopsia
revolviendo en la sombra arden
las palabras.

Obra publicada

Poesía

1984   *Memorias de Electra*. Lima: Orellana & Orellana editores. (Finalista en el I Concurso Nacional de Poesía Juvenil organizado por la UNMSM y el suplemento *El Caballo Rojo* de *El Diario de Marka*, 1983).
1993   *Placer fantasma*. Presentación de Javier Sologuren. Lima: Asociación Peruano-Japonesa. (Premio de Poesía Asociación Peruano-Japonesa, 1992).
2001   *Ónix*. Lima: Jaime Campodónico Editor.
2005   *Pez*. Lima: El Santo Oficio.
2010   *Morir es un arte*. Lima: Tranvías editores.
2014   *Pez / Fish*. Translated by E. M. O'Connor. New Delhi: Nirala Press.
---   *Morir es un arte*. 2a. ed. Lima: Máquina purísima.
2015   *Cuaderno músico precedido de Morir es un arte*. Prólogo de Lila Zemborain. Madrid: Amargord Ediciones.

Ensayo

2008   *Soberanía y transgresión. César Moro*. Lima: Editorial Universidad Ricardo Palma.

Traducción

1987   *Muestra de poesía norteamericana contemporánea*. Jaime Urco, ed. Lima: Instituto Nacional de Cultura. (Volumen colectivo; Dreyfus tradujo poemas de Edward Dorn, Sylvia Plath, Diane Wakoski y AI).

2000   *La Diosa de las Américas. Escritos sobre la Virgen de Guadalupe.* Traducción. New York: Random House. (Título original en inglés: *Goddess of the Americas. Writings on the Virgin of Guadalupe*, Ana Castillo, ed.).
2014   *An August Snow and Other Poems. Nieve de agosto y otros poemas.* Edición bilingüe. Prólogo, selección y traducción. Nueva York: Díaz Grey Editores.
2017   *El perro de diamante y otros poemas.* Prólogo y traducción. Caracas: bid & co. (En proceso).

Ediciones

1998   *Vida de poeta. Algunas cartas de César Moro.* Prólogo y edición. 2a. edición. Caracas: Pequeña Venecia.
2007   *Nadie sabe mis cosas. Ensayos en torno a la poesía de Blanca Varela.* Prólogo y co-edición. Lima: Fondo Editorial del Congreso.
2013   *Juan Parra del Riego. Poesía completa.* Prólogo y co-edición. Sevilla: Sibila / BBVA.
2016   *Esta mística de relatar cosas sucias. Ensayos en torno a la obra de Carmen Ollé.* Prólogo y co-edición. Lima: Centro de Estudios Literarios Antonio Cornejo Polar (CELACP) & Latinoamericana Editores.

Escribir sobre el amor es un acto que sólo puede originarse en el destierro, pues será siempre extrañamiento y nostalgia de un paraíso inalcanzado y buscará franquearse con ese tú que es su razón de ser y de existir. Y así lo hace con patética necesidad de recuperación, inmersa en la enfermedad, la soledad, el dolor. Sus palabras no se miran a sí mismas, no intentan seducir, pero sí liberarla, en el ojo de la tormenta diaria, del tormento de una desgarradora experiencia.

Javier Sologuren

La obra de Mariela Dreyfus llamó siempre mi atención por ese raro y admirable equilibrio de disciplina estética, emoción y hondura reflexiva. Lo suyo es un lenguaje acerado como la hoja de un cuchillo que, súbitamente alzado, refleja, destella, el instante fugaz del amor, su breve goce, su felino salto desde el vértigo de la plenitud hacia la nada. Es un placer como lectora encontrar la sabia concisión de sus versos, la límpida adjetivación, su tensión de cable, su ausencia de concesiones, para que no se pierda ni el ritmo ni el aliento de las palabras en su vigoroso viaje hacia la punta de la ola, hacia la instantánea revelación del goce o el miedo.

Rossella Di Paolo

Hay un nudo en la poesía de Mariela Dreyfus que apenas se disimula, pero del que a la vez se participa. El lector queda deslumbrado por la intrepidez de este proceso que no cierra, que no deja de derramar una melodía que surge de una piel morena, o de un pezón, o de un lápiz que se aprieta más de la cuenta.

Lila Zemborain

Mariela Dreyfus acoge al dolor de nuevo, pero sin injuriar a la belleza, por el contrario, la busca incansablemente en cada uno de estos seis libros y la seguirá buscando como caballo y como jinete, en la ciudad y la naturaleza. Con la espada del lenguaje ya encontrado.

Enrique Winter

Alumbramiento post-finisecular que entra a la primera juventud del nuevo siglo, con la sensibilidad Mariela de tus ojos checos, brillantes en el halo inalcanzable del cometa más azul. Ahora aquí en *Gravedad* están juntos todos estos libros, poemas y canciones. Una grande alegría invade mi alma solitaria. ¿Qué más puedo decir? sino ¡Salud poeta!

Roger Santiváñez

www.ingramcontent.com/pod-product-compliance
Lightning Source LLC
Chambersburg PA
CBHW022002160426
43197CB00007B/241